Sigi Kube schreibt als Journalistin für verschiedene Frauen- und Wirtschaftszeitschriften. Sie war außerdem Redaktionsleiterin und Autorin der BR-Hörfunkserie »Die wahre Geschichte«, in der über viele Jahre hinweg interessante Rätselgeschichten aus dem Leben berühmter Persönlichkeiten sowie über fast vergessene Ereignisse der Weltgeschichte erzählt wurden.

Sigi Kube

Wie kommt die Katze in den Sack und was weiß der Kuckuck davon?

Tierische Redewendungen und ihre Bedeutung

WILHELM HEYNE VERLAG
MÜNCHEN

MIX
Papier aus verantwor-
tungsvollen Quellen
FSC® C014496

Verlagsgruppe Random House FSC-DEU-0100
Das für dieses Buch verwendete FSC®-zertifizierte Papier
Holmen Book Cream liefert Holmen Paper, Hallstavik, Schweden.

Originalausgabe 02/2011

Copyright © 2011 by Wilhelm Heyne Verlag, München,
in der Verlagsgruppe Random House GmbH
Printed in Germany 2011
Redaktion: Johann Lankes, München
Umschlaggestaltung: Hauptmann & Kompanie Werbeagentur, Zürich
Satz: Buch-Werkstatt GmbH, Bad Aibling
Druck und Bindung: GGP Media GmbH, Pößneck
ISBN: 978-3-453-60171-0

www.heyne.de

Inhalt

Einleitung

Die allgemein bekannten Redewendungen erweisen sich in der Regel als sehr hilfreich, um seine Gedanken mit einem Satz treffend zu illustrieren. Auf diese Weise kann man sich mit wenigen Worten verständlich machen. Dass in diesen Redewendungen häufig das Verhalten der Tiere als Vergleich benutzt wird, ist kein Zufall. Seit Tausenden von Jahren lebt der Mensch von und vor allem mit Tieren. Kein Wunder, dass sich die gemeinsame Entwicklungsgeschichte auch in der Umgangssprache widerspiegelt. Um positive oder negative Eigenschaften eines Menschen anschaulich zu beschreiben, verweisen wir gerne auf das Tierreich. So sind im Lauf der Jahrhunderte eine Vielzahl von »tierischen« Begriffen und Redewendungen entstanden. Sie beziehen sich häufig auf den unverwüstlichen Volksmund, der verlorenes Wissen über das Wesen oder Verhalten bestimmter Tiere konserviert hat. Ob die Vergleiche biologisch immer zutreffend sind, kann in der Regel vom heutigen Stadtmenschen oft gar nicht mehr geprüft werden.

Vor allem in Fabeln haben Tiere menschliche Eigenschaften, die sich in fast allen Erzählungen gleichen. Der Fuchs ist beinahe immer schlau, die Eule weise, die Gans dumm, der Löwe mutig. Auch in der Bibel, im Volksglauben und im Märchen werden Tieren bestimmte Charaktereigenschaften unterstellt. So hält man den Wolf auch heute noch für böse und verschlagen, wie im Märchen vom Wolf und den sieben Geißlein, vom Rotkäppchen, oder wie im biblischen Vergleich vom Wolf im Schafspelz. Schließlich gibt es noch einige Bezeichnungen wie Drachensaat oder Chimäre, in denen die mythische Verbindung von Mensch und Tier deutlich wird.

Die Auswahl der »tierischen« Redewendungen und Wörter beschränkt sich auf allgemein bekannte, gebräuchliche und doch meistens rätselhafte Formulierungen, deren Herkunft nicht jeder kennt und deren tiefere Bedeutung sich meist erst auf den zweiten Blick zeigt: Wer die Sau rauslässt und dann einen Kater hat, dem helfen keine Krokodilstränen. Ob allerdings der Kuckuck wirklich weiß, wie die Katze in den Sack kommt, wird in kurzweiligen Geschichten erklärt.

Alles für die Katz

Eine alte Sage berichtet, es hätte einmal einen Schmied gegeben, der für seine Arbeit partout keinen festen Preis verlangen mochte. Er wollte es stets seinen Kunden überlassen, zu entscheiden, was ihnen seine Arbeit wert war. Das war zwar sozial gedacht, aber es funktionierte nicht. Die meisten Kunden sollen einfach die Ware entgegengenommen haben und statt einen selbst bestimmten angemessenen Betrag zu bezahlen, die Schmiede nur mit einem einfachen »Dankeschön« verlassen haben. So schnöde um seinen Lohn betrogen, fasste der Schmied einen Entschluss. Er band kurzerhand seine wohlgenährte Katze in der Werkstatt an, und bei jedem knauserigen »Dankeschön« eines Kunden sagte er zu dem Tier: »Katz, das war für dich, und gehört dir jetzt auch!« Doch da sich selbst vom freundlichsten Danksagen allein nicht einmal eine Katze ernähren kann, wurde sie immer magerer und war eines Tages verhungert. Um nicht noch mehr Leid zu provozieren, beschloss der Schmied, es von nun an genauso zu machen wie die anderen Handwerker, und verlangte jetzt von den Kunden stets einen festen Preis.

Die Geschichte vom Schmied und seiner verhungerten Katze gehört zur Fabelsammlung *Esopus* des Dramatikers Burkard Waldis. Diese entstand vor fast 500 Jahren. Doch heute noch heißt es, wenn sich jemand viel Aufwand und Mühe gemacht hat, um etwas auf adäquate und anständige Weise zu erledigen, dann aber feststellen muss, dass er sich die ganze Arbeit hätte sparen können: Das war dann wohl »alles für die Katz«.

Am Katzentisch sitzen

Im Mittelalter waren abendliche Tischrunden oft reine Männersache, und es herrschten dabei meistens auch ziemlich raue Sitten. Aufgetischt wurde reichlich: neben Gänsen und Hühnern auch gebratene Pfauen, Schwäne und Fasane. Im Allgemeinen zählte die Masse, nicht die Qualität. Als Teller dienten aufgeschnittene Brotlaibe, gegessen wurde mit den Fingern, und abgenagte Knochen sowie sonstige Essensreste landeten meist unter dem Tisch. Dort lauerten dann oft schon einige Katzen, die sich über die Bereicherung ihres sonst so eintönigen Mäuse-Menüs freuten.

Oben tafelten also die Herrschaften, aber auch der Fußboden war oft ein reich gedeckter Katzentisch. Später soll es dann der französische Hochadel als besonders vornehm angesehen haben, den inzwischen »hochwohlgeborenen« Katzen ihr Katzenmenü auf ganz speziellen niedrigen Tischchen zu servieren. Die Vorstellung, dass sich Miez und Mauz gut erzogen zum Fressen am Katzentisch auf ihre kleinen Katzenstühlchen gesetzt haben, findet man heute vielleicht recht putzig, aber dennoch eher abartig. Im Französischen gibt es den Begriff »Katzentisch« allerdings gar nicht, denn auch in Frankreich sitzen Katzen meist unter oder unerlaubterweise vielleicht auch mal auf dem Tisch.

Es gab und gibt sie aber dennoch, die sogenannten Katzentische, auch wenn sie eigentlich nicht zur normal üblichen Tischordnung gehören. Vielmehr sind es die etwas abseits der großen hochherrschaftlichen Tafelrunde platzierten Tische, an denen die weniger noblen Gäste oder auch die Bediensteten unter sich blieben, die man heute im übertragenen Sinn als Katzentische bezeichnet. Doch auch die Extratische für die Kinder werden scherzhaft Katzentische genannt. Manchmal wird über eine Person, die gesellschaftlich ins Abseits geraten ist, ausgesprochen gehässig behauptet, sie sei jetzt endgültig am »Katzentisch« gelandet.

Arm wie eine Kirchenmaus

Geld an sich, aber auch die verschiedenen Münzen und Scheine sind in der deutschen Sprache unter den unterschiedlichsten Bezeichnungen und Namen bekannt: Geld, Zaster, Moneten, Kohle, Cash, Moos oder auch Mäuse. Viele dieser Bezeichnungen sind von Begriffen aus anderen Sprachen abgeleitet, auch aus dem Rotwelschen, also dem Idiom des fahrenden Volks, bei dem es beispielsweise auch ums Geld ging, wenn von »Mous« geredet wurde. Im Jiddischen spricht man von »moo«, was so viel wie Pfennig bedeutet.

Wer nun aber keinen »Sack voller Mäuse« hat und vielleicht sogar Not leiden muss, von dem heißt es, er sei »arm wie eine Kirchenmaus«. Bei diesen mittellosen Verwandten der Geldmäuse handelt es sich tatsächlich um echte graue Nager. Denn da in den Kirchen keine Vorräte gelagert werden und die heiligen Oblaten meist knabbersicher weggeschlossen sind, hatten und haben die Kirchenmäuse also schlechte Karten. Aber da es in Gottes Räumen, zumindest offiziell, selten Katzen gibt, hat wohl ab und zu eine Mäusefamilie in den geweihten Räumen Asyl gefunden. Überliefert ist die Geschichte von einer Mäusefamilie, die sich im Salzburger Oberndorf in einer Orgel eingenistet hatte und dem ohnehin schon schadhaften, aber offenbar recht nahrhaften Instrument den Rest gegeben hatte. Nun war aber der weihnachtliche Gottesdienst ohne die beliebte musikalische Begleitung für den dortigen Pfarrer völlig undenkbar. Deshalb schrieb er schnell einen einfachen Liedtext, zu dem der Lehrer Gruber dann ebenso schnell eine Gitarrenbegleitung komponierte. Keiner von beiden hätte sich auch nur im Traum einfallen lassen, dass dieses Lied zu einem Riesenhit werden sollte! Auch heute wird es an Weihnachten weltweit gesungen, dieses andächtige »Stille Nacht, heilige Nacht«. Es ist nicht zu leugnen, dass ausgerechnet die armen hungrigen Kirchenmäuse einen wesentlichen Anteil an der Entstehung eines unserer beliebtesten Weihnachtslieder hatten.

Auf den Hund kommen

In Mitteleuropa ist der Hund in vielen Funktionen, vom Wachhund über den Blindenhund, den Lawinenhund und den Hofhund bis zum Polizeihund, dem Menschen so sehr ans Herz gewachsen, dass er häufig stark vermenschlicht und idealisiert wird. Dennoch ist auch die Liste der Schimpfnamen ziemlich lang, bei denen Hunde eine Rolle spielen. Da gibt es beispielsweise den Schweinehund, den Lumpen- und auch den Höllenhund. Diese hündischen Abwertungen sind hauptsächlich durch die Begegnung mit den islamischen Völkern Arabiens und der Türkei in unserer Kultur aufgetaucht. Im Orient galten alle Arten von Hunden von jeher als unrein und minderwertig. Sie fristeten ihr Dasein häufig als Straßenköter, und ihnen wurde vieles zugeordnet, was man ganz generell als böse und schändlich bezeichnete. Im Laufe der Zeit tauchte dann der Hund auch in den Alltagssprachen des Abendlandes immer häufiger in Redensarten auf, die ihm eher Negatives nachsagten.

Wer aber heute als Pudelfriseur, Zoohändler oder Tierbestatter sozusagen »auf den Hund gekommen ist«, übt im Allgemeinen einen Beruf aus, der durchaus Ansehen und Erfolg verspricht. Andererseits bedeutet die Bemerkung, jemand sei nun endgültig »auf den Hund gekommen«, dass er wirtschaftlich gesehen total ruiniert ist. Am Boden alter Getreide- oder Geldkästen finden sich merkwürdigerweise oft Hundebilder, die wohl symbolisch einen Wachhund darstellen sollen. So lange die Truhe mit Getreide, Gold- oder Silbermünzen gefüllt ist, bleibt das Hundebild verborgen. Wenn sich aber eine solche »Schatztruhe« allmählich leerte und der Inhalt entnommen war, hatte man meist wirklich alles verloren, war verarmt und am Ende angekommen. Selbst der getreue Wachhund hatte da nicht geholfen, sondern er war, wenn man ihn zu Gesicht bekam, geradezu das Sinnbild des Bankrotts. Und so hieß es, und heißt es noch heute, wenn jemand einst wohlhabend und erfolgreich gewesen ist, aber schließlich total verarmt und verlottert, er sei völlig »auf den Hund gekommen«.

Augen wie ein Luchs

Am nächtlichen Sternenhimmel hatte im späten 17. Jahrhundert der Danziger Astronom Johannes Hevelius ein Sternbild entdeckt, das wir heute als Luchs bezeichnen. Der Name bezieht sich nicht auf die Konstellation der Sterne, sondern darauf, dass man unbedingt die sprichwörtlichen Luchsaugen braucht, um die ausgesprochen lichtschwachen Sterne überhaupt erkennen zu können.

Der Luchs ist die einzige Großkatze, die in Europa noch in freier Wildbahn überlebt hat. Und die wachsamen und besonders scharfen Augen dieses Tiers faszinieren die Menschen nach wie vor. Ähnlich wie beim Falken und beim Adler wurde der durchdringende Blick des Luchses hoch geschätzt und ursprünglich mit dem göttlichen Prinzip ewiger Wachsamkeit gleichgesetzt. Luchsaugen hatten angeblich sogar die Fähigkeit, durch Wände hindurch und hinter die Dinge zu sehen. Ja, es wurde behauptet, sie könnten auch über die Zeiten hinweg in die Zukunft blicken.

Es stimmt tatsächlich, dass Luchse besser sehen können als viele andere Lebewesen, vor allem in der Dämmerung und im Dunkeln. Ihre Augen sind sechsmal lichtempfindlicher als die des Menschen, und schon aus 75 Metern Entfernung kann die Wildkatze eine kleine Maus erspähen. Doch selbst diese Fähigkeit konnte den Luchs bisher nicht davor bewahren, mehr und mehr ausgerottet zu werden. Daher wird wohl bald nur noch im übertragenen Sinn, und dann nicht gerade begeistert von »Luchsaugen« die Rede sein. Wenn es nämlich heißt, jemand hätte »Augen wie ein Luchs«, dann ist das meist keineswegs positiv gemeint. Man spricht damit eher die neugierigen, manchmal gar neidischen Blicke an, mit denen manche Menschen die Geheimnisse anderer ausspähen, um ihnen dann etwas abzuluchsen, also ihnen mit heimtückischer Schläue etwas Wertvolles wegzunehmen.

Aus einer Mücke
einen Elefanten machen

Schon ein Wahlspruch des antiken Satirikers Lukian aus dem zweiten nachchristlichen Jahrhundert lautete: »Elephantum ex musca facis.« Das hieß, man solle aus einer Mücke keinen Elefanten machen. Und diese Redewendung tauchte nicht nur bei den alten Griechen, sondern auch später bei Erasmus von Rotterdam und Johannes Eck auf. Eigentlich eine Binsenweisheit, denn schon die Vorstellung, dass aus einer winzigen Mücke einmal ein riesiger Elefant werden könnte, zeigt die Absurdität des Ganzen.

Mit dieser Redewendung, die Bezug auf den Größenunterschied der beiden Lebewesen nimmt, soll gezeigt werden, wie unbrauchbar es ist, Dinge unnötig oder maßlos zu übertreiben. Schildert nämlich jemand den kleinsten Vorfall so umfangreich und ausführlich, dass man glauben könnte, die ganze Welt sei dadurch in Gefahr, dann empfiehlt man ihm augenzwinkernd, dass er sich nicht lächerlich machen soll, indem man sagt: »Mach doch nicht gleich aus jeder Mücke einen Elefanten!«

Backfisch

Beifang ist im Fischereigewerbe zu einem festen Begriff geworden, obwohl er wahrscheinlich erst im 20. Jahrhundert aufgekommen ist. Unter Beifang versteht man alle Arten von Fischen, die für eine Vermarktung entweder zu klein sind oder zu vereinzelt vorkommen und deswegen einfach ins Wasser zurückgeworfen werden. Der Anteil der Rückwürfe kann heute manchmal bis zu 70 Prozent des gesamten Fangs betragen. Früher wurden diese von den Fischern und Anglern aussortierten Fischchen merkwürdigerweise »Backfische« genannt. Man nimmt an, dass diese Bezeichnung mit dem englischen Wort für »zurück« zusammenhing, denn das heißt bekanntermaßen »back«. Manchmal aber wurden diese Fischchen auch zum Eigenverbrauch mit nach Hause genommen. In Teig getaucht und in der Pfanne ausgebacken, sind sie dann häufig als »Backfisch« auf dem heimischen Tisch serviert worden.

Als sich jedoch im späten 19. Jahrhundert auch im allgemeinen Sprachgebrauch die Bezeichnung »Backfisch« etablierte, hatte das nichts mehr mit dem sogenannten Beifang zu tun. Im Gegensatz zu den bedauernswerten Jungfischen, wurde der jetzt gemeinte Backfisch weder paniert noch in der Pfanne gebraten. Vielmehr waren damit junge Mädchen im Alter zwischen 12 und 16 Jahren gemeint, denn die waren genauso wenig ausgereift, wie die Backfische aus den Gewässern. Es gab sogar einige neckische Sprüche zu diesem Thema: »Mit 13 Jahren und zwei Wochen ist der Backfisch ausgekrochen«, oder auch: »Mit 17 Jahren, zehn Sekunden, da ist der Backfisch schon verschwunden.« Das bezog sich dann vor allem auf junge Mädchen in ihrer schwärmerischen frühreifen Zeit des Heranwachsens.

Ob es wirklich diese ins Wasser zurückgeworfenen Fische gewesen sind, nach denen die menschlichen Backfische benannt wurden, ist nicht mehr wirklich herauszufinden. Es könnte sich auch um eine Verballhornung des akademischen Grads »baccalaureus« handeln. Der soll bereits um das Jahr 1550 als neckisch gemeinte Bezeichnung für männliche Studienanfänger aufgekommen sein. Wenig später aber waren es dann die ständig kichernden, halbwüchsigen Mädchen, die man, wie auch heute manchmal noch, als typische Backfische bezeichnet hat.

Bekannt wie
ein bunter Hund

Schon vor Jahrtausenden sind sie in fast allen Erdteilen aufgetaucht, die verschiedensten Vertreter der Familie der Canidae, also der Hundeartigen. Daher kann man davon ausgehen, dass sich auch ihre Domestizierung nicht nur an bestimmten Orten der Erde vollzog. Viele Erklärungsversuche, wann und warum der Wolf zum Haushund wurde, sind schon diskutiert worden, wobei laut einer Gen-Untersuchung aus dem Jahre 1997 ziemlich genau feststeht, dass das schon vor mehr als 100 000 Jahren stattgefunden hat.

Wie die ersten Hunde ausgesehen haben ist schwer zu sagen, da zwar diverse Knochenfragmente gefunden wurden, Haar- und Fellreste jedoch nur selten erhalten geblieben sind. Welche Farbe das Fell der Hunde ursprünglich hatte, wissen wir heute nicht. Es ist jedoch davon auszugehen, dass es eher einfarbig war. Inzwischen gibt es eine fast unendliche Farbvielfalt bei den Hunden: von Weiß und Wolfsgrau bis zu verschiedenen Rottönen; von Kastanienrot bis Semmelgelb, Schokoladenbraun und Silbergrau bis zum schwarz gepunkteten Dalmatiner sind alle möglichen Töne in verschiedenen Kombination zu sehen. Die Züchter haben die Hundearten, die mehrfarbig und dadurch besonders auffällig sind, irgendwann tatsächlich »bunte Hunde« genannt. Sie fallen auf, und jedermann erkennt sie jederzeit und überall.

Dadurch entstand im Lauf der Zeit eine auf den Menschen

bezogene Redewendung. Bei den sprichwörtlich »bunten Hunden« handelt es sich heutzutage nicht mehr um Vierbeiner, sondern um Menschen, die einen hohen, allerdings nicht immer und unbedingt erstrebenswerten Bekanntheitsgrad erreicht haben.

Bulle

Das Rindvieh kam schon in römischer Zeit in Redewendungen und Redensarten vor, wie beispielsweise in der lateinischen Wendung: »Quod licet Jovi, non licet bovi«, die besagt: »Was Jupiter erlaubt ist, ist noch lange nicht einem Ochsen gestattet.« Jupiter war das römische Pendant zum griechischen Gott Zeus, der sich bekanntlich hin und wieder als Stier verkleidete, um eine kleine Nymphe zu betören. Wenn wir heute mit einem »Bullen« zu tun haben, dann handelt es sich meist weder um den verkleideten Göttervater Zeus noch um irgendein Tier, sondern um einen Polizisten. Doch hinter dieser neudeutschen Bezeichnung für den Ordnungshüter verbirgt sich keineswegs ein Rindvieh.

Der Schimpfname Bulle ist höchstwahrscheinlich hergeleitet von dem althochdeutschen Wort »bulla«, was so viel wie »Verordnung« oder »Sendschreiben« bedeutet. Die Päpste des Mittelalters sandten des Öfteren derartige Bullen über die Alpen, manchmal mit durchaus einschneidenden Folgen, wie dem Gang nach Canossa, den König Heinrich IV. unternahm, um dadurch die Aufhebung des Kirchenbanns durch Papst Gregor VII. zu erreichen.

Einige Sprachwissenschaftler führen die Bezeichnung Bulle für einen Polizisten allerdings eher auf die altdeutschen Begriffe »Bohler« und »Puller« zurück. Im 18. Jahrhundert gab es schon bestimmte Aufpasser, die als Vorläufer der heutigen Polizisten gelten können und die »Landpuller« oder »Bohler« genannt wurden. Das aus dem Niederländischen stammende

»bol« bedeutet so viel wie »kluger Kopf«, und das wurde wohl ganz allgemein auf kluge Menschen übertragen. Die Bezeichnung war also ausgesprochen positiv gemeint. Seit wann dann Bulle als Beleidigung verstanden wurde, bleibt im Dunkel der Historie verborgen. Sicher ist jedoch, dass während der studentischen Unruhen in den 1960er Jahren die Demonstranten die Ordnungshüter mit dem Ausdruck Bulle absichtlich reizen wollten, möglicherweise, um die Polizisten als angriffslustige Rindviecher darzustellen.

Man sollte sich auch heute noch genau überlegen, ob man Polizeibeamte als Bullen bezeichnet oder gar beschimpft. Vor manchen deutschen Gerichten gilt der Begriff nach wie vor als Beleidigung und wird mit Geldstrafen belegt. Immerhin hat sich die Situation inzwischen ganz allgemein entspannt. Der Bund Deutscher Kriminalbeamter vergibt sogar jedes Jahr eine Auszeichnung an diejenigen Frauen und Männer des öffentlichen Lebens, die sich um die Sicherheit des Landes verdient gemacht haben, den *Bul le mérite*. Diese Auszeichnung geht auf den früheren Verdienstorden Preußens *Pour le mérite* zurück und wurde verballhornt mit der volkstümlichen Bezeichnung Bulle für einen Polizeibeamten. So wurde aus dem höchst seriösen Orden *Pour le mérite* – der Bullenorden.

Da beißt die Maus
keinen Faden ab

Gertrud von Nivelles, die Äbtissin des Klosters von Nivelles in Belgien, lebte im frühen Mittelalter. Sie war gebildet, fromm und selbstverständlich von tadellosem Charakter, weswegen sie schließlich auch heiliggesprochen wurde. Sie wurde zur Schutzpatronin der Pilger, der Reisenden und der Gärtner, aber auch ganz allgemein der Armen, der Witwen und Waisen und merkwürdigerweise auch der Stadt Wattenscheid. Die heilige Gertrud ist aber darüber hinaus auch als fachkundige Hilfe bei Mäuse- oder Rattenplagen bekannt. Der Legende nach wurde sie einst beim Spinnen von einer Maus geärgert, die ihr mehrmals den Faden abbiss. Irgendwie scheint sie aber die Mäuse gemocht zu haben, denn auf Abbildungen ist die heilige Gertrud meist mit einer oder mehreren Mäusen abgebildet, die an ihrer Spindel hinaufklettern.

Kein Wunder, dass auch der 17. März, der Gedenktag der Heiligen, mit Mäusen zu tun hat. Der Tag war stets ein wichtiger Termin im bäuerlichen Kalender, denn mit Beginn des Frühjahrs mussten ja die Felder bestellt werden. Die typischen Winterarbeiten wurden jetzt eingestellt, wer aber dennoch die Spindel nicht aus der Hand legte, dem erging es wie der heiligen Gertrud: Mäuse kletterten am Spinnrocken empor, bissen den Faden ab und machten so mit den winterlichen Handarbeiten Schluss. Wer sich an die Regeln hielt und den Flachs rechtzeitig in den Schrank sperrte, der konnte sicher sein, dass ihm die Maus keinen Faden abbiss.

Eine andere Erklärung für die Redewendung besagt, dass eine Mausefalle so konstruiert war, dass die Maus gar nicht an den Köder herankam, ohne den Faden abzubeißen. Wenn die Maus aber an dem Faden zu knabbern begann, fiel eine Klappe zu und die Maus war gefangen. Eine andere, etwas weit hergeholte Variante leitet die Redensart vor einer etwas vollmundigen Versicherung eines Schneiders ab, der behauptet haben soll, das ein von einem Kunden gelieferter Stoff bei ihm so gut aufgehoben sei, dass nicht einmal eine Maus einen Faden davon abbeißen könnte.

Schließlich gibt es auch noch eine Herleitung aus einer Fabel des griechischen Dichters Aesop, die schon aus dem 6. Jahrhundert vor Christus stammt. Die Fabel »Der Löwe und das Mäuschen« erzählt von einem einst von einem Löwen verschonten dankbaren Mäuschen, das den König der Tiere aus einem Netz, in dem er gefangen war, befreit. Sie knabberte und nagte an den Knoten, bis der Löwe schließlich in der Lage war, das Netz mit seinen Tatzen zu zerreißen und sich dadurch selbst zu befreien. In diesem Fall müsste es allerdings heißen, »da beißt die Maus den Faden ab«.

Da beißt sich die Katze
in den Schwanz

Katzentiere, die sich bekanntermaßen oft ausgiebig putzen, verblüffen uns dabei nicht zuletzt mit ihrer Ausdauer und vor allem auch mit ihrer gelenkigen Geschmeidigkeit, die ja sogar sprichwörtlich geworden ist. Allerdings bezieht sich die Redensart »Da beißt sich die Katze in den Schwanz« nicht speziell auf die possierlichen Verrenkungen der Miezekatzen – auch wenn diese einem ziemlich akrobatisch vorkommen und einem dadurch etwas suspekt sind. Wenn sich eine Katze dazu auch noch ausgesprochen wild gebärdet und alles versucht, um sich in den eigenen Schwanz zu beißen und sich daher um die eigene Achse dreht, dann kann man sich schon vorstellen, weshalb das unsere oft abergläubischen Vorfahren ziemlich erschreckte.

Da sich das Fell der Katze manchmal elektromagnetisch auflädt, es sich dann sträubt und mitunter gar knistert und Katzenaugen im Dunkeln zudem auch noch leuchten, waren die Schleichtiere manchen Menschen generell ziemlich unheimlich. Im Alltag galten Katzen zwar als zutrauliche Spielgefährten und waren ganz allgemein gern gesehen, aber ihr Wert wurde früher vor allem daran gemessen, wie tüchtig sie beim Mäusefang waren. Allerdings galten Katzenfelle schon immer als äußerst hilfreich bei Rheuma und Gelenkproblemen, und in die volkstümliche Medizin war auch das Katzenfett auf die eine oder andere Weise einbezogen. Nur Katzenfleisch sollte man auf keinen Fall essen, denn es wurde behauptet, dass man davon wahnsinnig werden konnte.

Aus christlicher Sicht wurden Katzen schon immer eher argwöhnisch betrachtet, denn insgesamt galten die verschmusten Tiere als Verkörperung des Bösen und wurden oft gar als der personifizierte Teufel angesehen. Auch die Ähnlichkeit der Bezeichnungen »Katze« und »Ketzer« erschreckte die Menschen, und so wurden schließlich beide, Ketzer wie Katzen, zu Opfern der Inquisition. Es war also quasi ein Teufelskreis, in den die arme Katze immer wieder geriet. Als geheimnisvolle Teufelskreise galten auch die magischen Kreise bestimmter satanischer Rituale, und wer einmal in solch einen satanischen Zirkel geraten war, konnte sich ihm nur schwer wieder entziehen. Es sei denn, er bekam Hilfe von außen. Noch heute bezeichnen wir deshalb eine schwierige Situation, aus der wir uns allein nur schwer oder gar nicht befreien können, als Teufelskreis.

Und auch die Katze befindet sich scheinbar, wenn sie sich hilflos um die eigene Achse dreht, in einer ähnlich vertrackten Lage. Daher sagt man in bestimmten Situationen, aus denen man sich allein nur schwer oder gar nicht befreien kann, weil sich immer neue Hindernisse auftun, »da beißt sich die Katze in den Schwanz«.

Da brat mir einer
einen Storch

Wer in vorchristlichen Zeiten zu einem Festmahl geladen war, bekam oft allerlei Federvieh serviert, das für den heutigen Gaumen durchaus als exotisch angesehen werden kann. Beliebt waren unter anderem Schwäne, Reiher und Pfauen, aber auch Störche. Im antiken Rom galt der Weißstorch als Delikatesse, und heute noch gehört der Storchenbraten in manchen Gegenden der Welt zu den besonders ausgewählten Gerichten. Zwar kennt man auch bei uns den »Storch im Salat«, dabei handelt es sich jedoch keineswegs um einen Storchenbraten mit Salatbeilage. Nein, die Rede ist hier von jemandem, der mit steifen Beinen recht staksig umherstiefelt, dabei den Kopf etwas indigniert nach oben reckt und ähnlich wie der Storch »über die Wiese schreitet«, wobei er vielleicht auch noch etwas steif vor- und zurückwippt.

Es war jedoch nicht immer so, dass Störche auf der mitteleuropäischen Speisekarte nichts zu suchen hatten. Erst mit der Verbreitung des Christentums wurden sie rigoros aus den Küchen verbannt, da die Speisevorschriften im Alten Testament genau festgelegt hatten, welche Tiere man essen durfte und welche nicht. Allerdings hielten sich die Christen nicht immer und überall an diese Vorschriften. Obwohl auch Schweinebraten nicht erlaubt war, wollten viele Gläubige nicht darauf verzichten. Doch der Storch, der im Dritten Buch Mose recht drastisch als unreines Tier bezeichnet wird, verschwand tatsächlich allmählich von den Tellern.

Es kann aber auch sein, dass dies vielmehr an dem positiven Image lag, das der große Vogel inzwischen bekommen hatte. Er galt auf einmal als großer Glücksbringer, und dementsprechend wollte man es sich auf keinen Fall mit ihm verscherzen. Den Kindern erzählte man gern, dass die Babys vom Storch gebracht würden, und wenn eine Frau schwanger war, hieß es, ihr hätte der Storch ins Bein gebissen. Bei derart abenteuerlichen Behauptungen würden wohl heute sogar kleine Kinder einen Lachanfall bekommen. Aber immerhin war es lange Zeit völlig ausgeschlossen, dass jemand überhaupt daran denken konnte, einen Storch zu schlachten. Und wenn etwas absolut unvorstellbar ist, dann zeigen sogar noch heute manche Leute ihre Verblüffung, indem sie sagen: »Da brat mir doch einer einen Storch!«

Da kräht kein Hahn danach

In der Heiligen Schrift werden ungefähr 130 Tierarten erwähnt, doch manche der hebräischen Begriffe sind nach heutigem Kenntnisstand nicht mehr zu identifizieren. An Hühnerarten werden das Rebhuhn und die Wachtel genannt, die den Israeliten als Speise in der Wüste dienten. Der Hahn wird in seiner Funktion als Verkünder des frühen Morgens erwähnt.

Das Kikeriki der Hähne dient zur akustischen Markierung des Reviers, und man kann mit einiger Sicherheit damit rechnen, dass der Hahn regelmäßig morgens beim Sonnenaufgang, gegen Mittag und gegen Abend zu krähen beginnt. Daher diente der Hahnenschrei im Altertum als relativ verlässliche Zeitangabe. Im Lateinischen wird der Hahn Gallus gallus domesticus genannt, und die Morgendämmerung bezeichnete man als Gallicinium. Auch im Neuen Testament spielt der Hahn eine denkwürdige Rolle. Vor der Gefangennahme Jesu hatte der Jünger Petrus großspurig angekündigt, seinem Herrn treu zur Seite zu stehen. Doch als Jesus festgenommen und abgeführt worden war, flohen er und die anderen Jünger. Als Petrus sich später dann doch zum Ort des Verhörs begab und als Jünger erkannt und befragt wurde, behauptete er, den verhafteten Jesus nicht zu kennen. Exakt so, wie es von Jesus vorhergesagt worden war, verkündete dann aber das Krähen eines Hahns diesen Verrat! Petrus fühlte sich offenbar ertappt und ziemlich elend, denn er ging hinaus und weinte bitterlich.

Der Hahn, der seit dem 9. Jahrhundert auf christlichen Kirchtürmen wacht, hat mit diesem Verrat nichts zu tun. Bereits seit der Antike gilt er als ein Symbol für Wachsamkeit. Heute fragt keiner mehr nach der Bedeutung des Federviehs auf der Turmspitze. Nur wenn wir ausdrücken wollen, dass etwas ohne Bedeutung ist, oder wenn sich niemand für eine bestimmte Sache interessiert, dann zitieren wir die Begebenheit aus der Bibel mit den Worten: »Da kräht kein Hahn danach!«

Da lachen ja die Hühner

Neben den Hunden gehören auch die Hühner zu uralten tierischen Wegbegleitern des Menschen. Die Henne galt anfangs wegen ihrer recht langen Brutzeit als Vorbild für die Tugend der Beharrlichkeit. Eigentlich war Beharrlichkeit ja eine gute Eigenschaft, doch weil sie beim Huhn oft eher als Starrsinn angesehen wurde, galt dieses Federvieh als dumm und unbelehrbar. Bestimmte Zustände im Hühnerhof erinnern stark an menschliche Gepflogenheiten, was sich noch bis heute in alten Redewendungen widerspiegelt. »Du dummes Huhn« ist ein häufig gebrauchtes, jedoch eher harmloses Schimpfwort für etwas einfältige Mädchen. Man behauptete auch manchmal, irgendwelche Leute seien durcheinander gelaufen »wie aufgescheuchte Hühner« oder andere würden dasitzen »wie die Hühner auf der Stange« – also alles Situationen, die aus dem Leben auf dem Hühnerhof stammen.

Mit den Hennen im Hühnerstall wird logischerweise meist nur das weibliche Geschlecht verglichen. Vom etwas albernen und vorlauten Benehmen bei Mädchen und jungen Frauen heißt es abfällig, sie hätten »rumgegackert wie die Hühner«. Allerdings soll es auch vorkommen, wenn jemand absurde Behauptungen aufstellt oder dumm-dreiste Äußerungen von sich gibt, dass das dann »selbst die Hühner merken würden«. Der Gipfel aber ist, wenn sich jemand bei einer nicht besonders schwierigen Aufgabe so dumm anstellt, dass er sich ziemlich blamiert. Mit Blick auf das Federvieh heißt es dann nämlich: »Da lachen ja die Hühner.«

Da liegt der Hase im Pfeffer

Egal, ob Feldhase oder Stallhase, die kleinen Nager gelten als kulinarische Delikatesse. Schon zu Zeiten der Jäger und Sammler aß man angeblich sehr gern »lepus in jure nigro«, ein Hasenragout, dessen Zubereitung im *Deutschen Wörterbuch* von Jacob und Wilhelm Grimm beschrieben wird. Demnach werden alle Eingeweide und Teile eines Hasen, die sich nicht zum Braten eignen, vorab in einer pfeffrigen Gewürzbrühe gekocht, die dann zur Verfeinerung mit Blut eingedickt wird. Bis heute ist das Gericht unter dem Namen »Hasenpfeffer« bekannt und wird wegen seiner dunkelbraunen Brühe manchmal auch als »Hasenschwarz« bezeichnet. Das Gericht ist, ebenso wie die Redewendung: »Da liegt der Hase im Pfeffer«, schon seit Jahrhunderten bekannt und sogar schriftlich überliefert. Jedenfalls hat ein Hase, der im Pfeffer liegt, die schönste Zeit seines Lebens hinter sich gelassen. Hasenpfeffer wird meist mit Genuss verspeist, besonders wenn in der dunklen Soße möglichst viele Hasenstücke zu finden sind, was nicht immer der Fall war. Deshalb ist wahrscheinlich im Lauf der Jahrhunderte die amüsante Redewendung entstanden, die sich auf Angelegenheiten bezieht, die ziemlich knifflig und schwer zu lösen sind.

Doch auch wenn man das Problem entdeckt hat, heißt das noch lange nicht, dass sich nun alles zum Guten wendet. Es ist ja oft so, dass einem, selbst wenn man sich über den Grund einer verzwickten Situation im Klaren ist, noch längst keine Lösung einfällt. Tatsächlich hatte jene Redewendung früher eher

die Bedeutung von: »Da ist ja wohl nichts mehr zu machen.«
Auch in der Literatur liegt der Hase öfter mal im Pfeffer, bei-
spielsweise in Friedrich Schillers großem Drama *Kabale und
Liebe*. Schon in der ersten Szene ist die Rede davon, dass »der
Has im Pfeffer liegt«. Und hier kann es nur heißen: »Das ist
der entscheidende Punkt!«

Da liegt der Hund
begraben

In Venedig, das bekanntlich »zum Sterben zu schön« ist, ließ sich die berühmte Kunstmäzenin Peggy Guggenheim im Garten ihres Palazzos zur ewigen Ruhe betten, und zwar direkt neben den Gräbern ihrer geliebten Hunde. Im britischen Nottinghamshire steht in Newstead Abbey ein ziemlich monumentales Grabmal, das Lord Byron seinem vierbeinigen Freund Boatswain errichten ließ. Lord Byrons Hund war ein Neufundländer, eine Hunderasse, der auch Richard Wagner aufs Innigste zugetan war. Daher ruht der Hund des Komponisten ganz in der Nähe der Gruft seines Herrn im Park der Villa Wahnfried, was jeder echte Wagnerfan weiß.

Eines der bekanntesten Sprichworte zum Thema Hund soll aber im oberösterreichischen Sankt Veit entstanden sein. Dort ist an der Mauer eines ehemaligen Wasserschlosses heute noch ein Hundegrabstein aus dem Jahr 1612 zu sehen. Es heißt, dass einst an dieser Stelle ein Ritter, ermüdet vom Schlachtgetümmel, in tiefen Schlaf gefallen sei. Als dann plötzlich feindliche Reiter nahten, hätte ihn sein treuer Hund völlig lautlos mit einem kleinen Biss ins Ohr geweckt, wodurch der Ritter seinen Angreifern noch im letzten Moment entkommen konnte. Aus Dankbarkeit soll er seinem treuen Hund später an der Schlossmauer jenen großen Grabstein errichtet haben.

Doch welche dieser Grabstellen tatsächlich zu einer auch

heute noch üblichen Redewendung geführt hat, ist wohl nicht mehr zu ergründen. Es gibt nämlich diverse weitere Geschichten in Bezug auf die letzten Ruhestätten von Hunden. Unter anderem die Mär, dass einst ein Räuber namens Hans Hund bei einem Überfall auf ein wehrhaftes Mädchen traf und von diesem tödlich verletzt worden sein soll. Auf einem in die Mauer eingefügten Stein soll angeblich gestanden haben: »Hier liegt der Hund Hans Hund begraben.« Mit der Zeit soll die Inschrift dann so verwittert gewesen sein, dass nur noch das Wort »Hund« zu entziffern war. Später entstand daraus die Legende, dort sei ein Hund begraben, der einst die nahe gelegene Stadt vor einer großen Gefahr errettet hätte.

Es scheint auf jeden Fall so zu sein, dass um all diese »begrabenen Hunde« meist jemand getrauert hat, möglicherweise aber aus ganz anderen Gründen. Wenn nämlich früher von »alten Hunden« die Rede war, dann konnten damit auch Wertgegenstände gemeint sein, die irgendwo versteckt worden waren. Ein »begrabener Hund« konnte also auch ein vergrabener Schatz sein. Dementsprechend hat die Redewendung vom »begrabenen Hund« möglicherweise überhaupt nichts mit unserem ältesten Haustier zu tun. Wenn es hieß, es sei irgendwo ein Hund begraben, dann lag an dieser Stelle möglicherweise tatsächlich ein Schatz.

Es gibt aber noch weitere Varianten: In Sagen und Mythen, bei denen es um das Auffinden verborgener Schätze geht, ist es manchmal der Teufel selbst, der in Gestalt eines schwarzen Hundes den Schatz bewacht. Dieser Wächterhund hat in den Beschreibungen immer ein furchterregendes Gebiss, glühende Augen und eine lange rote Zunge. Vielleicht ist das der wahre Grund, weshalb ein vergrabener Schatz aus abergläubischer Vorsicht sprachlich mit dem hündischen Wächter gleichgesetzt wurde. Man warf da wohl alles in einen Topf, und schließlich war nur noch vom »begrabenen Hund« die Rede. Doch wenn es heute heißt, »da liegt der Hund begraben«, soll damit ausgedrückt werden, dass man eine lange gesuchte Entdeckung gemacht hat oder auf die Ursache eines Problems gestoßen ist.

Da wird der Hund in
der Pfanne verrückt

Seit Tausenden von Jahren schon ist der Hund der Begleiter des Menschen. Und diese Funktion wird ihm nicht
nur im richtigen Leben zugeschrieben, sondern auch noch
nach dem Tod. Als speziell furchterregend galt immer schon
ein großer schwarzer Hund mit feurigen Augen, der zur Mit-
ternacht auf den Friedhöfen spukte. Ebenso berüchtigt war
auch der mehrköpfige Cerberus aus der griechischen Mythologie sowie ein Kläffer namens Garm, der stets die nordische
Unterweltgöttin Hel begleitete. Ansonsten aber gilt der Hund
als der beste Freund des Menschen und sogar als Symbol für
Treue und Wachsamkeit.

Es ist daher kein Wunder, dass Hunde in unserer Sprache wie
auch in einigen anderen Idiomen eine besondere Rolle spielen und oft eine erstaunliche Bedeutung haben. Obwohl der
Hund wegen seiner Treue und Gelehrsamkeit sehr geschätzt
wird, erscheint er in den Redewendungen überraschenderwei-
se nahezu ausschließlich als negatives Bild. Wahrscheinlich
ist der Grund hierfür die ehemals geringe Wertschätzung des
Hundes in der Landwirtschaft und beim Militär, wo auf der
obersten Stufe der Rangfolge das Pferd stand, dann der Esel
und schließlich auf unterster Stufe der Hund.

Daher müssen Hunde seit je dazu herhalten, für alles
Elend, alle Niederträchtigkeiten und Unmenschlichkei-
ten geradezustehen. Man »kommt auf den Hund«, ist ein

»Hundsfott«, der offenbar auch verschluckt werden kann, um dann als »innerer Schweinehund« besonders scheel angesehen zu werden. Man »lockt Hunde hinterm Ofen hervor«, ist »hundemüde«, »scheint völlig auf den Hund gekommen« oder leidet unter dem »Hundewetter«. »Schlafende Hunde soll man nicht grundlos wecken«, beziehungsweise man soll sie lieber ruhen lassen, und meistens weiß man sowieso nicht, »wo der Hund begraben liegt«. Es gibt aber auch noch den »dicken«, den »falschen« und sogar den »Lumpenhund«. Und natürlich jede Menge »bunte«, »blöde«, »freche« oder »feige« und »verrückte Hunde«.

Um einen besonders verrückten Hund ging es auch in einer Till-Eulenspiegel-Geschichte. Als Gehilfe eines Braumeisters erlaubte sich Eulenspiegel eines Tages einen ganz besonderen Streich. Der Braumeister hatte ihm für ein paar Stunden sowohl die Verantwortung für seinen Hund als auch für die Braupfanne anvertraut und ihm befohlen, »den Hopfen mit Sorgfalt zu sieden«. Dummerweise soll der Hund des Hauses auf den Namen »Hopf« gehört haben, und so warf Eulenspiegel, der offenbar kein Tierfreund war, den Vierbeiner in die heiße Würze. Daher stieß der Meister nach Ablassen des Suds nicht nur auf die Zutat für das Bier, vielmehr fand er auch die traurigen Überreste seines Hundes in der Braupfanne. Er war fassungslos, als er erkannte, was passiert war. Man kann sich daher gut vorstellen, dass daraufhin der Teufel los war.

Bis heute benutzt man umgangssprachlich einen aus dieser Angelegenheit hergeleiteten Spruch, mit dem man seine absolute Fassungslosigkeit kundtut. Wenn jemand seine Verblüffung darüber äußert, dass etwas absolut Unglaubliches passiert ist, dann hört man auch heute noch manchmal den Ausspruch: »Da wird ja der Hund in der Pfanne verrückt!«

Das geht auf keine Kuhhaut

Beispielhafte, erbaulich-unterhaltsame und meist kurze, moralisierende Erzählungen, in denen der Teufel für das einfache Volk als allgegenwärtiges Ungeheuer dargestellt wird, waren im Mittelalter eine beliebte Form der Illustrationen. Schrecklich-schaurige Geschichten von der gefährlichen Präsenz des Bösen sollten den armen Sündern klarmachen, dass ihr Fehlverhalten sie am Tag des Jüngsten Gerichts direkt in die heißeste Hölle führen würde.

In den *Sermones vulgares* aus dem 13. Jahrhundert wird unter anderem von einem Priester erzählt, der sieht, wie der Teufel während des Gottesdienstes das verbotene, nie endende Geschwätz der Gläubigen während der Andacht genau notiert. Der Priester berichtet davon seiner Gemeinde, die, angesichts des Satans zu Tode erschrocken, sogleich wortreich Reue schwört und verspricht, Buße zu tun. Daraufhin muss der Teufel »den Schwanz einziehen« und sich aus dem Staub machen. Eine solche Szene ist auf der Insel Reichenau im Bodensee in der Kirche Sankt Georg der Ortschaft Oberzell auf einem Wandfresko aus dem 14. Jahrhundert dargestellt. Über den Köpfen zweier Frauen, die in der Kirche knien und offensichtlich beten, sind eine Menge gotischer Schriftzeichen zu sehen, die ein eher unheiliges Blabla-Gebabbel darstellen sollen. Das sollte wohl heißen: Auch hier ist der Teufel gegenwärtig, um sich seine Notizen zu machen.

Weshalb hier ausgerechnet der Teufel als Schriftführer auftrat, scheint vielleicht befremdlich. Doch im Prinzip ist es logisch, denn wer der Anstifter des sündigen Frevels war, hatte den besten Überblick über die Missetaten. Und daher glaubten vor allem die wirklich frommen Menschen, der Teufel würde sich stets all ihre Sünden genau einprägen. Und so, wie die fleißigen Mönche in ihrer klösterlichen Schreibstube die heiligen Schriften auf Pergament aufzeichneten, so würde auch Satan die menschlichen Verfehlungen notieren, um dieses Sündenregister beim Jüngsten Gericht als Beweis vorzulegen.

In der alten Zeit waren es meist Häute von Schafen, Ziegen und Kälbern, die in einem aufwendigen Prozess zu einer Art Pergament verarbeitet wurden, das stabilste Material zur dauerhaften Aufzeichnung. Wenn aber die begangenen Frevel und Sünden jedes Maß überschritten und nicht einmal die größeren Kuhhäute zur Aufzeichnung der teuflischen Buchführung ausreichten, dann sagte man damals schon, ein solch umfangreiches Sündenregister »gehe auf keine Kuhhaut«. Heute wundern wir uns vielleicht, was ausgerechnet die eher brave Kuh mit unserem Fehlverhalten zu tun hat. Dennoch hört man hin und wieder, wenn jemand die Grenze des Zumutbaren überschritten hat und die Zustände fast unbeschreiblich geworden sind, den Ausspruch: »Das geht auf keine Kuhhaut.«

Das kann kein
Schwein lesen

Lesen können hat einerseits mit dem Sehen zu tun, aber auch mit der entsprechenden Fähigkeit, die man im Allgemeinen in der Schule erwirbt. »Das kann doch kein Schwein lesen«, ist eine durchaus nachvollziehbare Aussage, dennoch hat diese Redewendung wahrscheinlich nichts mit dem zitierten Borstenvieh zu tun.

Der Ursprung dieser auf mehrfache Weise rätselhaften Redewendung soll sich aus einer Familiengeschichte aus dem 17. Jahrhundert herleiten lassen. Damals konnten noch längst nicht alle Menschen lesen und schreiben, und besonders für die Bauern galt ein Satz, der dem Schweinezüchter Zsupan in der Operette *Der Zigeunerbaron* von Johann Strauß in den Mund gelegt worden ist: »Ja, das Schreiben und das Lesen ist nie mein Fach gewesen, denn schon von Kindesbeinen befasst' ich mich mit Schweinen.« Für alles, was nicht mit Schweinen zu tun hatte, suchte man sich eben fachkundige Hilfe. Um besondere Fachkräfte in dieser Art handelte es sich bei einer Familie aus Dithmarschen in der Nähe von Lübeck. Diese hörte auf den Namen Swyn, was auf Hochdeutsch Schwein bedeutet. Die Swyns wurden also immer dann aufgesucht, wenn sich jemand schwertat mit dem Schreiben. Und natürlich auch, wenn es ums Lesen ging. Manchmal waren aber die Briefe derart unleserlich geschrieben, dass sie sogar von den lesekundigen Swyns nicht entziffert werden konnten. Mit der Zeit bürgerte sich dadurch der plattdeutsche Ausruf ein: »Dat kann ja kin Swyn lesen!« Obwohl diese Familie Swyn außerhalb des Schleswigschen kaum bekannt war, übernahm man bald auch anderswo – und selbst im Hochdeutschen – diese Feststellung, dass manche Schriften derart unleserlich sind, dass sie eben kein Schwein lesen kann.

Ob diese Redensart wirklich in Schleswig entstand, ist schwer zu sagen. Auf jeden Fall gab es immer wieder viele lustige Darstellungen von Tieren, die in der Schule das Schreiben lernen sollten. Besonders das Borstenvieh wurde gern schreibend dargestellt, da die Beschaffenheit der Schweinsfüße es theoretisch möglich erscheinen ließ, dass sie eine Feder halten könnten. Darauf deutet auch der Ausdruck »Sauklaue« hin, der sich allerdings auf eine unleserliche Handschrift bezieht.

Sagt man: Es war »keine Sau« da, dann bedeutet es, dass »niemand« gekommen ist. Ähnliche Bezüge finden sich auch in anderen Redensarten. Zum Beispiel heißt es: »Dafür interessiert sich doch kein Schwein«, oder »Da kommt doch keine Sau«. Und somit kann es sein, dass die Sache mit der Familie Swyn einfach eine schöne Legende ist und die Redewendung »Das kann ja kein Schwein lesen« ganz allgemein nur versinnbildlicht, dass etwas so unleserlich geschrieben ist, dass es niemand – nicht mal ein Schwein – entziffern kann.

Dem Affen Zucker geben

Wie kaum ein anderes Tier zeigt der Affe ganz unverhohlen seine Gefühle. Dabei beweist er oft mimische Ausdrucksmöglichkeiten, die man ihm gar nicht zugetraut hätte. Sie belegen, dass er ein ausgemachter Spaßmacher ist. Verspieltheit und Neugier können allerdings auch jedes Maß verlieren und zu zügelloser Frechheit oder gar leidenschaftlichen Gewaltausbrüchen ausarten. Ähnliche Verhaltensweisen sind manchmal auch bei Menschen zu beobachten. Doch nachdem, laut der Darwin'schen Evolutionslehre, Mensch und Affe in einem ungeahnt nahen Verwandtschaftsverhältnis stehen, ist das nicht verwunderlich.

Inzwischen fast völlig vergessen sind Gewerbe, zu deren Ausstattung früher auch Affen gehört haben. Gemeint sind die oft als Außenseiter geltenden, von Dorf zu Dorf ziehenden Gaukler, Scherenschleifer und Leierkastenspieler. Sie hatten, um das Publikum und vor allem auch Kinder anzulocken, meist ein dressiertes Äffchen bei sich. Während Messer, Scheren und Sicheln geschärft oder die Kurbeln des Leierkastens gedreht wurden, vollführte der Affe allerlei akrobatische Kunststücke. Die meiste Zeit jedoch hockte das Tier unglücklich und vereinsamt auf seiner Sitzstange. Auf einen Schleifstein wird sich kaum ein Affe gesetzt haben, dennoch hat sich für eine unbequeme und etwas lächerliche Sitzposition im Süden Deutschlands die Redensart erhalten, der sitzt wie der »Aff auf dem Schleifstein«.

Um den Affen zu überreden, wieder »den Affen« zu machen, gibt es bekanntermaßen ein wirksames Mittel: Bananen! Doch die waren immer teuer und rar, und die Affenbesitzer hätten die seltenen exotischen Früchte gar nicht kaufen können. Also gab man den Äffchen ein Stück Zucker, damit sie wieder loslegten und ihre Kapriolen schlugen.

Doch die Redewendung, jemand hätte »seinem Affen richtig Zucker gegeben«, hat nichts wirklich Affiges an sich. Sie charakterisiert vielmehr eine ausgelassene und überdrehte Situation, in der persönliche Macken durch Zuspruch noch befeuert werden, um möglichst viel Aufmerksamkeit zu bekommen.

Den Bock zum
Gärtner machen

Als Abkömmlinge der zähen Wildziegen zeichnen sich die domestizierten Ziegen und Böcke durch einige, speziell für ihren Fortbestand lebenserhaltende Eigenschaften aus: Neben ihrer erstaunlichen Anpassungsfähigkeit an die unterschiedlichen klimatischen Bedingungen sind Ziegen äußerst anspruchslos und sehr gute Futterverwerter, dazu aber auch noch hervorragende Kletterkünstler. Im Gegensatz zu Rindern, Pferden und Schafen können Ziegen so ziemlich alles fressen, und vor ihrem gierigen Maul ist tatsächlich kaum etwas Pflanzliches sicher.

Die in der Ära der Entdeckungsreisen von den Seefahrern als Fleischreserve auf diversen Inseln ausgesetzten Ziegen konnten sich bei günstigen Bedingungen außerordentlich stark vermehren, so dass sie der oft einmaligen und meist sehr speziellen Inselvegetation mit der Zeit den Garaus machten. Allerdings sind die Ziegen trotzdem nicht generell als Artenzerstörer zu verurteilen. In manchen Berggegenden haben sie beispielsweise die Almweiden vor der Verbuschung bewahrt. Dennoch: In Zier- und Gemüsegärten können Ziegen erheblichen Schaden anrichten, da Gartenzäune manchmal offenbar keinen anderen Sinn haben, als die äußerst klettergewandten Ziegen zu akrobatischen Leistungen anzuregen. Mancher Gartenbesitzer wird daher unter Tränen und mit Wut im Bauch die verwüsteten Beete und spärlichen Überbleibsel junger Triebe und Pflänzchen betrachtet haben, die der nächtliche Besuch der stets fressgierigen Ziegenböcke hinterlassen hat.

Möglicherweise ist aus dieser Erfahrung heraus eine Redensart entstanden, die schon in einem Text aus dem 16. Jahrhundert vorkommt: »Wer den Bock zum Gärtner macht, den Hund nach Schmalz und die Katze nach Bratwürsten schickt, der kriegt selten etwas heimgebracht.« Das soll heißen: Man kann sicher sein, dass der zu erwartende Schaden weitaus größer als der Nutzen ist, wenn man jemandem eine Aufgabe zuweist, der dafür unbrauchbar ist – mit anderen Worten, wenn man »den Bock zum Gärtner macht«.

Den inneren Schweinehund
bekämpfen

Zwar hat den inneren Schweinehund wohl noch keiner gesehen, dennoch kennen wir seinen ausgeprägten Willen zur Bequemlichkeit und die Neigung zum Weg des geringsten Widerstands. Wenn man jemanden als »Schweinehund« bezeichnet, ist das schon eine üble Beschimpfung. Es steht für die niedrigsten Instinkte im Menschen und stammt ursprünglich aus der immer recht rüden Studenten- und Soldatensprache.

Doch »Schweinehund« war ursprünglich nur eine eher harmlose Bezeichnung für den zur Wildschweinjagd eingesetzten Sauhund. Es handelte sich dabei nicht um eine bestimmte Hunderasse, sondern um besonders mutige Jagdhunde aller Art. Sie konnten bei der gefährlichen Sauhatz mitunter schwer verletzt oder sogar getötet werden, da gereizte Keiler oder verletzte Bachen ihre Frischlinge oft bis zum letzten Blutstropfen verteidigen. Ein Schweinehund war also ein besonders starkes und kämpferisches Tier.

Dennoch wurde die Bezeichnung Schweinehund meist verächtlich und äußerst negativ angewandt. Trotz der eigentlich positiven Charaktereigenschaften des Tieres bezeichnete man vor allem verbrecherische und rücksichtslose Menschen als Schweinehunde. Aber auch Rekrutenschinder und Trainer alter Schule gaben sich alle Mühe, den Begriff vom »harten Schweinehund« möglichst zu glorifizieren und zur brutalsten Motivation soldatischer Tugenden zu machen.

Inzwischen hat jedoch längst eine erneute Metamorphose des Schweinehunds stattgefunden. Er ist vom grobschlächtigen, miesen Raufbold zum harmlosen Stubenhocker mutiert. Heute muss er für alles herhalten, was einen von der Verwirklichung mehr oder weniger großer Ideale und ehrgeiziger Ziele abhält und so dem schlechten, faulen und trägen Ego zur vollen Entfaltung verhilft, denn heute reden wir mehr denn je vom »inneren Schweinehund«.

Den Kopf in den
Sand stecken

Die Legende vom Straußenkopf, der sich im Sand versteckt, ist schon uralt und wurde vermutlich von den Arabern an die Römer weitergegeben. Möglicherweise haben alle späteren Bücherschreiber die Geschichte vom Vogel Strauß ungeprüft abgekupfert.

Mit seinen großen schwarzen Kulleraugen, umrahmt von neckisch langen Wimpern, die eigentlich Federn sind, wirkt der Vogel Strauß beinahe verführerisch, aber auch ein bisschen frech. Jedenfalls würde es ihm wohl nie in den Sinn kommen, sich Sand in die Augen streuen zu lassen, um sich dann einer Täuschung hinzugeben. Das hat der Strauß nämlich nicht nötig. Er ist schließlich der größte der heute lebenden Vögel, kann seinen Hals wie ein Periskop in alle Richtungen drehen und erkennt eventuelle Angreifer schon in einer Entfernung von über dreieinhalb Kilometer. Bei Gefahr läuft der flugunfähige Vogel zur Hochform auf und kann eine Geschwindigkeit von über 60 Stundenkilometer erreichen. Außerdem hat er scharfe Krallen. Er ist mit seinen kräftigen Beinen jederzeit in der Lage, heftige Fußtritte zu verteilen und sich erfolgreich zu wehren. Eine Begegnung mit ihm in freier Wildbahn könnte recht unangenehm sein: Sogar Löwen nehmen Reißaus vor ihm.

Dennoch hält sich hartnäckig die Behauptung, dass dieser Vogel bei Gefahr den Kopf in den Stand steckt, was heißen soll, dass er feige ist. Oder auch einfach desinteressiert, frei nach dem Motto: Was ich nicht sehe, darauf brauche ich auch nicht zu reagieren. Dabei handelt es sich aber um ein Missverständnis. Tatsache ist, dass sich Strauße in Ruhephasen – oder wenn sie die Gegend nicht beobachten können – gern am Boden niederlassen und den langen Hals ausstrecken. Dieses Verhalten dient also zur Tarnung.

Sollte man in der Savanne einem Vogel Strauß begegnen, empfehlen erfahrene Wildhüter, dass man sich möglichst aufplustern und groß machen soll. Hilfreich wäre es ebenfalls, sich einen Ast über den Kopf zu halten. Mit etwas Glück glaubt der Vogel dann nämlich, das der Eindringling ein Riese ist. Ob die List funktioniert, wird man erst hinterher wissen. Auf jeden Fall wäre wohl jede Art von Abwehrstrategie allemal besser, als »den Kopf in den Sand zu stecken«. Dieses legendäre Vogel-Strauß-Verhalten führte nämlich zur Metapher für eine menschliche Eigenschaft, etwas nicht sehen und nicht wahrhaben zu wollen.

Den Stier bei den Hörnern packen

Wenn er gewaltig schnaubt, den Kopf senkt und mit den Hufen scharrt, dass der Staub aufgewirbelt wird, dann wissen wir, dass der Stier aggressiv geworden ist und man sich vor ihm in Sicherheit bringen sollte. Dieser sprichwörtlich »wilde Stier« hatte zu allen Zeiten und in verschiedensten Kulturen und Religionen Kultstatus. Er war immer schon entweder Opfertier oder Götzenbild.

Ein Zentrum des Stierkults war das antike Kreta. Dort soll es nämlich einst den Minotaurus gegeben haben, ein Fabelwesen, halb Stier, halb Mensch. Zu jener Zeit, also vor drei- bis viertausend Jahren, war Kreta eine heitere Mittelmeerinsel gewesen. Doch eines Tages legte sich ein düsterer Schatten über das Land. Poseidon, der Gott der Meere, hatte Minos, dem König von Kreta, einen herrlichen Opferstier geschenkt. Doch König Minos konnte es nicht über sich bringen, dieses vollkommene Tier zu schlachten. Er beschloss, es zu behalten und auf seinen Wiesen grasen zu lassen. Ein großer Fehler, da die Götter es nicht mögen, wenn man ihnen nicht gehorcht. Der Meeresgott Poseidon wurde daher sehr zornig und verfügte als grausame Strafe, dass der als Opfer gedachte Prachtbulle die Gemahlin des Königs Minos zu betören und sich anzueignen hatte. Es kam, wie es kommen musste – und geboren wurde der Minotaurus, halb Mensch, wie die Mutter, halb Stier, wie der Vater. Und dieses Unikum forderte noch ganz besondere Maßnahmen: Es mussten ihm Jahr für Jahr sieben Knaben und sieben Mädchen geopfert werden, ansonsten drohte es, das Land zu verwüsten. Erst Theseus, einem Helden aus Athen, gelang es, das Ungeheuer zu besiegen und mit Hilfe des roten Fadens der Königstochter Ariadne den Weg zurück aus dem Labyrinth des Minotaurus zu finden. Dieses Sieges über den Minotaurus wurde später in kultischen Spielen gedacht, und auch viele alte minoische Darstellungen zeigen kretische Jünglinge, die wilde Stiere bei den Hörnern packen.

Seit dem frühen 18. Jahrhundert versuchen in spanischen, französischen oder portugiesischen Arenen mehr oder weniger mutige Toreros wilde Stiere zu besiegen. Allerdings packen die wenigsten das Tier bei den Hörnern, sie sind vielmehr darauf aus, es mit dem Degen zu töten. Beim Stierlauf in Pamplona geht es vor allem darum, sich vom Stier nicht auf die Hörner nehmen zu lassen. Die offizielle Anweisung lautet hier, bei einer Stierattacke am Boden liegen zu bleiben und sich erst zu erheben, wenn der Stier auf und davon gestürmt ist. Als besonders mutig gefeiert werden dennoch diejenigen, die, auf ihre Kraft vertrauend, dem wutschnaubenden Stier Auge in Auge gegenübertreten und ihn bei den Hörnern packen.

In Deutschland sind Stierkämpfe verboten. Dennoch heißt es auch hier, man habe »den Stier mutig bei den Hörnern gepackt«. Allerdings handelt es sich bei den Stieren, die in dieser umgangssprachlich benutzten Redewendung an den Hörnern gepackt werden, um schwierige menschliche Gegner, oder auch um sachliche Probleme, die beseitigt werden müssen, um ein bestimmtes Ziel zu erreichen.

Wer keine Auseinandersetzung scheut und ein Problem, eine Gefahr, eine Bedrohung oder ein Hindernis offensiv, direkt und gründlich beiseitegeschafft hat, von dem sagen wir noch heute voller Anerkennung, er habe, wie einst die mutigen Minoer, »den Stier bei den Hörnern gepackt«!

Den Vogel abschießen

Das Münchner Oktoberfest ist weltbekannt: Bier, Brathendl und Blasmusik locken Millionen von Besuchern aus aller Herren Länder an. Doch es gibt in Deutschland auch noch viele andere Volksfeste: den Cannstatter Wasen, den Hamburger Dom, das Gäubodenvolksfest, hier und da eine Kirchweih oder eine Kirmes, und inzwischen auch fast in jedem Dorf ein Schützenfest, bei dem nicht nur geschossen wird.

Angefangen hatte das Ganze allerdings bitter ernst. Im Mittelalter blieb den Bürgern manchmal gar nichts anderes übrig, als sich freiwillig zusammenzuschließen und mit vereinten Kräften die Stadt zu verteidigen. Es war deswegen sogar üblich, dass wehrhafte Bürger eine Reihe von Privilegien bekamen. Sie gaben sich eigene Satzungen, gründeten verschiedene Zunfthäuser und durften auch Waffen tragen. Zuerst waren es nur Pfeil und Bogen, später dann die Armbrust, und ab dem 16. Jahrhundert schoss man schließlich scharf, also auch mit Feuerwaffen.

Im 17. Jahrhundert gab es zur allgemeinen Verteidigung meist ein stehendes Heer, wodurch sich die militärische Bedeutung der freiwilligen Schützengilden verringerte. Daher konzentrierte man sich in den Gilden jetzt mehr auf die gesellschaftlichen Aufgaben. Man organisierte verschiedene Wettschießen und Schützenfeste, die bald Volksfestcharakter bekamen. Als Hauptpreis für den Schützenkönig wurde oft ein Jahr Steuerfreiheit gewährt. Das war ein echter Ansporn für die Bürger, sich auch in Friedenszeiten zum Schießtraining motivieren zu lassen, weil man ja ganz ohne bewaffnete Bürgerwehren nicht auskam. Während der Befreiungskriege gegen Napoleon, der Revolution 1848 und in der Zeit vor der Reichsgründung 1871 wurden besonders viele solche Schützenvereine gegründet. Dennoch war die allgemeine Gesinnung der Schützen weniger kriegerisch als eher liberal, mit dem erklärten Ziel der deutschen Einheit.

Noch heute kümmern sich diverse Schützenvereine um die Pflege des Schießsports und die Erhaltung der Schützentradition. Eins dieser jährlichen Schützenfeste veranstaltet einen schon seit dem 12. Jahrhundert verbürgten Wettbewerb im »Vogelschießen«. Es kann sein, dass dabei anfangs auf lebende Vögel geschossen wurde, doch ab dem 14. Jahrhundert zielte man nur noch auf eine hölzerne Vogelattrappe. Ein aus verschiedenen Einzelteilen zusammengesetzter Vogel war zu diesem Zweck an einer langen Stange befestigt und musste abgeschossen werden. Ein Teil nach dem anderen wurde »abgeknallt«, und derjenige, der den allerletzten Rest traf, war Schützenkönig. Er musste deshalb nicht unbedingt der beste Schütze gewesen sein, aber immerhin gebührte ihm Beifall, denn er hatte »den Vogel abgeschossen«.

Inzwischen heißt es nicht nur bei Lodenjacken- und Federbuschträgern, dass der, der den Vogel abgeschossen hat, der große Sieger ist. Vielmehr sagt man heute, wenn einer etwas ganz Besonderes geleistet und damit alle anderen übertroffen hat, »der hat den Vogel abgeschossen«.

Der Amtsschimmel wiehert

Heute stehen uns die unterschiedlichsten technischen Möglichkeiten zur Verfügung, um etwas anzufertigen, das ein möglichst identisches Abbild eines Originals darstellt. Früher war das nicht so einfach, denn es gab noch nicht die Möglichkeit der fotografischen Kopie. Faksimile, abgeleitet vom lateinischen fac simile (übersetzt »mach es ähnlich«), nannte man eine frühere Methode des Kopierens, die in den Sekretariaten vieler Ämter und Firmen ausgeführt wurde. Es bedeutete, dass eine möglichst originalgetreue Abschrift eines Schriftstücks angefertigt wurde.

Schon in der K. u. k.-Monarchie Österreich wurden zur Vereinfachung solcher »Fac simile« eine Art Musterformulare verfasst und in Vorrat gehalten. Sie wurden bald allgemein als Simile bezeichnet und gaben verbindlich vor, dass alle neu vorliegenden Fälle ganz ähnlich wie schon zuvor gehandhabte Angelegenheiten zu erledigen waren. Womöglich hat sich auf den dazu benötigten Formblättern, die in den Regalen aufgestapelt waren, im Lauf der Zeit viel Staub angesammelt, so dass diese Similes allmählich mehr und mehr vergilbten und verschimmelten. So mussten sich jene sprichwörtlich amtsmüden K. u. k.-Beamten immer wieder mit diesen verstaubten Similes abgeben und auf den alten Vorschriften herumreiten.

Unter welchen Umständen das lateinische »Simile« zum ersten Mal mit dem deutschen »Schimmel« verwechselt wurde, ist unbekannt. Es ist jedoch anzunehmen, dass in den dortigen Amtsstuben unzählige Bittsteller erschienen, die von den bürokratischen Prinzipienreitern zum Wahnsinn getrieben wurden. Denn jeder individuelle Fall wurde nach dem alten »Schema F«, abgehandelt. So kam es, dass die auf derlei Similes versessenen Beamten zu »Simile-Reitern« gemacht und schließlich als »Schimmelreiter« verspottet wurden. Dieser beamtete Schimmelreiter hat allerdings keinerlei Bezug zu dem geisterhaften Schimmelreiter aus Theodor Storms gleichnamiger Novelle. Es klapperten auch keineswegs irgendwelche beamteten Rösser die steilen Treppen zu den Amtsstuben hinauf.

Ganz allmählich und unbemerkt hatte sich vielmehr ein anderer Schimmel, der die Amtssimile ausfertigte, in die Ämter eingeschlichen. Und so kam es wohl, dass die alten Musterblätter im täglichen Umgang irgendwann abschätzig als alte »Schimmel« bezeichnet wurden. Etwa Mitte des 19. Jahrhunderts hieß es zunächst noch hinter vorgehaltener Hand, dass in den veralteten Faksimile-Akten der österreichisch-ungarischen Reichsverwaltung ziemlich deutlich der Amtsschimmel wiehert. Und obwohl er weder geritten werden kann noch ein weißes Fell hat, wiehert er sprichwörtlich noch immer weltweit in vielen öffentlichen Ämtern und Behörden: der berühmt-berüchtigte Amtsschimmel.

Des Pudels Kern

Wenn man aufgrund einer plötzlichen Erkenntnis der Meinung ist, etwas sei wohl »des Pudels Kern«, dann klingt das ziemlich rätselhaft. Goethe hat seinem Titelhelden im ersten Teil der Faust-Tragödie diesen Ausspruch in den Mund gelegt, wobei es im Original heißt: »Das also war des Pudels Kern!« Es war Mephisto, der sich als Pudel getarnt in die Studierstube des Doktor Faustus eingeschlichen hatte. Faust konnte sich anfangs die Unruhe, in die ihn die Nähe des Tieres versetzt hatte, überhaupt nicht erklären. Erst als sich der Hund dann vor seinen Augen in Mephisto verwandelte, begriff Faust, was jetzt Sache war. Kein Wunder, dass er sich daraufhin zu diesem sprichwörtlich gewordenen Ausruf der Überraschung hinreißen ließ.

Zu der Gestalt des schwarzen Pudels haben Goethe höchstwahrscheinlich alte Volksmythen inspiriert, in denen es häufig schwarze Hunde sind, die als spukende Gestalten und Begleiter finsterer Mächte auftreten. Sie tauchen meist als tierische Begleiter des Satans auf. Oder der Teufel trat selbst als furchteinflößender großer schwarzer Hund in Erscheinung. Faust aber erschien er in der Gestalt eines kleinen schwarzen Pudels und noch heute sagen wir, wenn wir glauben, etwas Kniffliges und nicht ganz Offensichtliches, eine Tatsache, einen Zusammenhang oder die Hauptsache des Ganzen erkannt zu haben, über die man lange im Zweifel war: »Das ist des Pudels Kern.«

Die Flöhe husten hören

Flöhe gehören zu den flügellosen Insekten. Ihr Name ist von »fliehen« abgeleitet, denn tatsächlich besitzen Flöhe die besondere Fähigkeit, fast allen Nachstellungen und Fallen im rechten Augenblick aus dem Weg zu gehen beziehungsweise »zu springen«. Die Verbreitung dieser nicht ungefährlichen Blutsauger hängt meist mit Unreinlichkeiten zusammen. Isidor von Sevilla, ein gelehrter Theologe, hatte schon im 6. nachchristlichen Jahrhundert behauptet, Flöhe würden hauptsächlich von Staub und Schmutz leben. Dementsprechend versuchte man durch bestimmte Sauberkeitsrituale den Flöhen aus dem Weg zu gehen. Allerdings war man auch der Ansicht, es könnte einem gelingen, die Plagegeister durch Lärm und bestimmte Zaubersprüche zu vertreiben.

In manchen Gegenden war es angeblich allgemein üblich, dass die Mägde am Faschingsdienstag noch vor Sonnenaufgang völlig unbekleidet Haus und Stuben auskehren mussten. Da aber der Kehricht stets vor der Haustür landete – wer geht schon gern nackt zum Mülleimer! –, hüpften die kleinen Blutsauger einfach ein Stück weiter und landeten meist im Haus des Nachbarn. Es kann sein, dass dieser dann versuchte, die Flöhe mit Korianderaufgüssen zu vertreiben, denn Koriander galt als Anti-Wanzenkraut, scheint aber eher nicht die gewünschten Auswirkungen gehabt zu haben. Ob es dann sinnvoller war, im Mondschein auf Flohjagd zu gehen, weil der Mond angeblich diese Insekten anzog, oder ob es stimmte, dass schlechtes Wetter die Flöhe besonders bissig machte, ist nicht wirklich erforscht.

Prinzipiell hielt man aber Flöhe und auch Flohstiche eher für belanglos und reichlich nebensächlich, glaubte allerdings, wer gar »einen Floh husten hörte«, müsste besonders gute Ohren haben.

Die angeblich hustenden Flöhe sind bereits im 16. Jahrhundert aufgetaucht, wobei wohl jemand, der glaubte, dieses Husten gehört zu haben, eher an der Nase herumgeführt worden war. Daneben setzte sich eine weitere Bedeutungsebene durch, wonach die Vorahnung einer negativen Entwicklung trotz real fehlender Anzeichen fatale Folgen haben kann. Selbst kleinste Ursachen, wie ein einzelner Floh, können zur Quelle sich überschlagender Ereignisse werden. Wer also glaubt, »die Flöhe husten zu hören«, sollte erst einmal darüber nachdenken, ob er sich nicht eventuell über etwas aufgeregt hat, was es gar nicht gibt. Denn eines steht auf jeden Fall fest: Flöhe können gar nicht husten.

Die Katze im Sack kaufen

Es war wohl die allzu wörtlich genommene Umsetzung eines Auftrags, die den Titelhelden des Volksbuchs von *Till Eulenspiegel* einst in die Bredouille brachte. Eulenspiegel hatte sich bei einem Berliner Kürschner um Arbeit beworben, der kurz zuvor von seinem Fürsten den Auftrag bekommen hatte, ihm für eine festliche Veranstaltung eine Anzahl Wolfsmäntel anzufertigen. Daher konnte der Kürschner einen Mitarbeiter ganz gut gebrauchen. Er schickte Till Eulenspiegel das notwendige Material und beauftragte ihn, wie es in Kreisen der Kürschner üblich war, »Wölfe« zu machen, ohne groß zu erklären, was genau damit gemeint war. Eulenspiegel nahm das – wie üblich – ganz wörtlich und machte sich fröhlich an die Arbeit und gab sich alle Mühe. Die Ergebnisse haben wohl auch sehr echt ausgesehen, doch als der Kürschner die aus seinen Fellen gefertigten Wölfe sah, lief er nicht etwa vor Schreck davon. Er bekam vielmehr einen Wutanfall und jagte den unfähigen Gehilfen auf der Stelle ohne Lohn fort.

Till Eulenspiegel hatte daraufhin verständlicherweise eine ziemliche Wut auf das ganze Pelzgewerbe. Und wie es das Schicksal wollte, traf er kurz darauf in Leipzig auf eine Gruppe von Kürschnern. Er bekam mit, dass sie gerade die Absicht hatten, ein Wildbret zu kaufen. In seinem Frust beschloss er, den Kürschnern eins auszuwischen. Er besorgte sich eine dicke Katze und machte sich daran, sie in Hasenfelle einzunähen. Dann steckte er sie in einen Sack. Arglos kauften die Kürschner das im Sack zappelnde Tier, für das Eulenspiegel in etwa die gleiche Summe verlangte, die der Berliner Kürschner ihm für die »Wölfe« schuldig geblieben war. Doch als die Pelzmacher ihren Hasen aus dem Sack holen wollten, entwischte er ihnen, kletterte blitzschnell auf einen Baum und machte »Miau«.

Einen bildlichen Vergleich für etwas, was man unbesonnen und unbesehen gekauft hat und worüber man sich danach kräftig ärgert, gibt es in vielen europäischen Sprachen. Man schimpft dann entweder über die Mogelpackung, oder man behauptet höchst verärgert, man hätte »die Katze im Sack gekauft«.

Die Katzelmacher

Fremdenfeindlichkeit kommt manchmal sogar in Reimen daher. Das zeigte sich schon im 17. Jahrhundert, als Abraham a Santa Clara gegen die Türken zu Felde zog. Einer seiner Kampfaufrufe soll gelautet haben: »Den Feind schlagen, die Türken jagen und die Muselmanen plagen.« Auch zu Beginn des Ersten Weltkriegs wurde heftig gereimt. Da waren beispielsweise auf den Eisenbahnwaggons für den Truppentransport Aufschriften zu lesen, wie etwa: »Jeder Schuss ein Russ', jeder Tritt ein Britt' und jeder Stoß ein Franzos'!« Als dann schließlich im Frühjahr 1915 auch Italien dem Habsburgerreich den Krieg erklärte, kam noch mindestens ein neuer Slogan hinzu: »Jeder Kracher ein Katzelmacher!« Katzelmacher war ein im süddeutschen Raum verbreitetes Schimpfwort, mit dem die umherziehenden Italiener in Deutschland und Österreich verunglimpft werden sollten. Der Begriff kam zu der Zeit auf, als im Winter immer häufiger umherziehende italienische Tagelöhner, Musikanten und Hausierer in den Gegenden nördlich der Alpen auftauchten.

»Katzelmacher« war natürlich absichtlich als eine verächtliche Bezeichnung gemeint, darüber gibt es keinen Zweifel. Aber was dahintersteckte und worin der Schimpf eigentlich bestand, das war den Leuten, die dieses Schimpfwort gebrauchten, nicht klar. Man unterstellte den Italienern ganz grundsätzlich, dass sie es besonders auf Katzen abgesehen hatten, hauptsächlich um ihnen das wärmende Fell über die Ohren zu ziehen. Es hieß aber auch, Katzen würden von den

Italienern als besondere Delikatesse angesehen und deshalb auch gern als Ragout auf den Tisch gebracht. Doch nichts davon ist wahr, und auch heute wird diese Bezeichnung noch hin und wieder gebraucht, obwohl immer noch kaum jemand weiß, was wirklich dahintersteckt. Auch Sprachforscher legen sich hinsichtlich der Entstehung der Schelte »Katzelmacher« nicht fest, sondern nennen mehrere Ableitungsvarianten, zumindest für den ersten Bestandteil des Wortes. Sie reichen von der bereits erwähnten Katze über die ähnlich lautenden italienischen Worte wie cascia (Maisbrei), cacio (Teppich), cazzo (Penis)oder cazza (Rührlöffel).

Die letzte Variante bezieht sich auf die Tätigkeiten der Bewohner der kargen norditalienischen Gebirgstäler.

Die meist armen Bergbauern hatten schon immer die lange Winterzeit zur Holzschnitzerei genutzt, um sich so einen kleinen Nebenerwerb zu schaffen. Als Wanderhändler brachten sie diese einfachen, aber nützlichen hölzernen Erzeugnisse auch auf die Märkte nördlich der Alpen. Bald schon waren diese Händler unter einer ungewöhnlichen Berufsbezeichnung bekannt geworden, die sich auf ihr wohl erfolgreichstes Produkt bezog. Es handelte sich dabei um verschiedene Arten von Holzlöffeln. Auf Italienisch heißt so ein Rührlöffel »cazza«, und da die Löffelverkäufer sich oft auch als die Löffelmacher ausgaben, wurden sie im italienisch-deutschen Volksmund bald als »cazzimaker« bezeichnet, was aber keineswegs als Schimpfname gemeint war. Allmählich wurde daraus allerdings die heute bekannte, aber eindeutig diffamierende Bezeichnung, die bald auch ganz allgemein für Italiener galt. Und obwohl es sich so anhört, hat ein »Katzelmacher« demnach mit der guten alten Miezekatze also nichts zu tun.

Die Kuh vom Eis holen

Rinder gehören zu den urzeitlichen Nutztieren des Menschen. Seit ihrer Domestizierung vor Tausenden von Jahren haben sich unsere Vorfahren in allen möglichen Gegenden schon mit der Rinderzucht befasst. Die Kühe gaben nicht nur Milch, man verwertete auch ihr Fleisch und sicherte so das leibliche Wohl und das Überleben der Menschen. Sie dienten auch als Zugtiere und lieferten Horn und Leder. Daher war die Rinderzucht zu allen Zeiten für diverse Völker ein wichtiger Überlebensfaktor.

Im alten Ägypten gab es »Nut« – die »Große Kuh« –, die den Himmel mit der spirituellen Unterwelt verband. Auch das Alte Testament befasste sich schon mit dem Thema Kuh: Josef soll einst die Aufgabe bekommen haben, einen bösen Traum des Pharao auf richtige Weise zu deuten. Es handelte sich dabei um sieben fette und sieben magere Kühe, also ging es auch schon damals um Wohlstand und Armut. In der nordischen Mythologie spielte eine Kuh eine ganz besondere Rolle. Sie hieß »Audhumbla«, die Milchreiche, und es wurde erzählt, dass sie übers Eis gekommen sei, um auf der Erde den ersten Menschen zu erschaffen. Wann und auf welche Weise die Kuh auf der Erde Fuß gefasst hat, erzählt der Schöpfungsmythos allerdings nicht.

Fakt ist aber, dass eine Kuh niemals ohne Not eine spiegelglatte Eisfläche betreten würde. Sollte sie dennoch einen Schritt darauf gewagt haben und fühlen, dass es unter den Hufen rutschig wird, hat die Kuh zwei Möglichkeiten.

Entweder sie dreht um und geht wieder vom Eis herunter, oder sie bleibt einfach stehen und wartet ab. Der Bauer muss sie dann wohl oder übel höchstpersönlich vom Eis herunterholen, sonst friert sie am Ende noch fest. Eine störrische Kuh vom Eis zu holen ist in der Praxis ein schwieriges Unterfangen und deswegen ein passendes Bild für die Lösung oder Entschärfung eines heiklen und ziemlich vertrackten Problems.

Die Ratten verlassen
das sinkende Schiff

Kurz bevor im Jahr 1727 in der russischen Provinz Kasachstan die Erde von einem großen Erdbeben erschüttert wurde, soll sich ein riesiges Heer von Ratten versammelt haben, möglicherweise in der Absicht, gemeinsam zu fliehen. Die Ratten durchschwammen die Wolga, um schließlich, den Hunnen gleich, in die westlichen Ländern einzufallen. Auch von den Lemmingen, die ja entfernte Verwandte der Ratten sind, kennt man ein ähnliches Phänomen einer Ansammlung von Millionen von Tieren, die allerdings nicht von der Gefahrenzone fort zu einem rettenden Ort führt, sondern häufig das genaue Gegenteil zum Ziel hat: den selbstmörderischen Sprung der gesamten Tierarmee ins Nördliche Eismeer, also in den sicheren Tod.

Auch an der Tatsache, dass oft Ratten im letzten Moment noch ein sinkendes Schiff verlassen, ist nicht zu zweifeln. Allerdings hat diese sprichwörtliche gewordene Erscheinung nichts mit irgendwelchen mystischen Vorahnungen zu tun. Ihrer Natur nach sind Ratten Höhlenbewohner, weswegen sie sich meistens in den untersten Räumen der Schiffe verstecken, also in der für Menschen nahezu unzugänglichen Bilge. Hier sammeln sich Schwitzwasser und Ölreste, und, zumindest in schlecht gewarteten Schiffen, auch Abfall und Unrat. Das bedeutet quasi ein Schlaraffenland für Ratten. Sobald aber durch erste feine Risse im Schiffsrumpf, oder durch Löcher, die sie selbst in die Schiffsplanken genagt haben, Salzwasser eindringt, werden die Ratten unruhig. Sie wissen, dass ihre Nester überspült werden können und das Salzwasser ihre empfindlichen Pfötchen verätzt. Das durchnässte Fell klebt an den kleinen Körpern, und da die Nager jetzt vom Salzwasser trinken, werden sie nur noch durstiger.

Ihre Versuche, sich in den höher gelegenen, von den Menschen benutzten Räumen in Sicherheit zu bringen, enden meist tödlich. Die Tiere, die sich auf zunehmend enger werdendem Raum zusammendrängen, werden aggressiv, und schon bald herrscht zwischen den Rattenclans ein regelrechter Krieg. Wenn dann die schrillen Pfiffe der Kundschafterratten ertönen, ist dieses unüberhörbare Signal der ultimativer Aufruf zum Verlassen dieser Hölle. Jetzt gibt es meist kein Halten mehr, und es ist keineswegs ein Märchen, dass dann Tausende fiepender, quietschender, sich gegenseitig bedrängender Ratten in panischer Angst über Bord springen. Meist erfolgt kurz darauf eine Funkmeldung, die besagt, dass das Schiff mit Mann und Maus in den Fluten versunken ist.

Damit bewahrheitet sich, was heute noch in einer alten Redewendung als bedrohliche Prophezeiung angekündigt wird. Will nämlich etwas partout nicht gelingen und ist schließlich total verfahren und nicht mehr zu retten, dann sind es meist die Verantwortlichen, die als Erste das Weite suchen. Oder auch diejenigen, die am wenigsten damit zu tun haben, aber am ehesten betroffen sind. Beides könnte zutreffen, wenn es heißt: »Achtung, Gefahr! Die Ratten verlassen das sinkende Schiff!«

Diebische Elster

Im Jahr 1817 fand an der Mailänder Scala die Uraufführung von Rossinis Oper *La gazza ladra* statt. In dem zweiaktigen Melodram *Die diebische Elster* wird die Geschichte eines Bauernmädchens erzählt, das man zum Tode verurteilt hat, weil es beschuldigt worden ist, im Haus seiner Herrschaft silbernes Tafelbesteck gestohlen zu haben. In letzter Sekunde wird dann doch noch der wahre Dieb entdeckt: eine Elster! Ob Gioacchino Rossini sich dabei auf eigene Erfahrungen mit einem Rabenvogel bezieht, ist nicht bekannt. Heute heißt es, dass die sprichwörtliche »diebische Elster« eher eine Legende ist. Man findet in keinem der einschlägigen Tierlexika etwas Genaueres über dieses außergewöhnliche kriminelle Vogelverhalten.

Tatsache ist allerdings, dass alle Rabenvögel ihr Futter horten, wobei diese Praxis bei den Elstern besonders stark ausgeprägt sein soll. Schon Jungvögel sind in der Lage, gezielt nach Gegenständen zu suchen, die man vor ihnen versteckt hat. Sie entwickeln dabei offenbar ein besonderes Interesse an glitzernden und glänzenden Sachen, auch wenn diese gar nicht essbar sind. Sie müssen nur leicht genug sein, damit die Vögel sie mit dem Schnabel greifen können. Ihre so ergatterten Beutestücke werden zunächst nur umhergetragen und zum Spielen benutzt, dann aber irgendwo versteckt. Die klugen Elstern horten nämlich ihr Diebesgut nicht einfach in ihren Nestern, sie legen vielmehr verschiedene Verstecke an, vermutlich, um so das Risiko des Verlustes durch Plünderung möglichst klein zu halten. Es ist eigentlich nicht verwunderlich, dass man diesem »diebischen Elsterverhalten« auch im menschlichen Umfeld gewisse Entsprechungen zugeordnet hat. Einen besonderen Humor bewiesen dabei neuerdings die Finanzbehörden, indem sie die neuen Internet-basierten Steuerformulare Elsterformulare nannten. Allerdings wollte man damit wohl kaum auf den räuberischen Charakter des Staates hinweisen. Der Begriff »Elster« ist lediglich eine Abkürzung des Begriffs für die neu eingeführte »Elektronische Steuererklärung«.

Drachensaat

Meistens hatte Göttervater Zeus seine Finger im Spiel, wenn es im antiken Griechenland nicht rund lief. Einmal hatte der nimmermüde testosterongesteuerte Zeus in bewährter Stiergestalt ein Mädchen entführt und wahrscheinlich auch verführt. Das geraubte Mädchen hieß Europa und wurde schon bald von ihrem Bruder, dem phönizischen Königssohn Kadmos, gesucht. Weil seine Suche erfolglos blieb, griff er zum bewährten Rezept jedes Ratlosen in der Antike, er fragte beim Orakel von Delphi an, was zu tun sei. Offenbar war Europa nicht zu retten, denn der Orakelspruch empfahl die Suche einzustellen und eine Stadt zu gründen, ein Rat, den der gehorsame Kadmos befolgte.

Doch bevor Gemeindeleben stattfinden konnte, musste zunächst ein Drache besiegt werden, dessen Zähne, einem Rat der Göttin Athene folgend, ausgesät und als Keimzelle der künftigen Stadtbevölkerung dienen sollten. Mit göttlicher Hilfe gelang es, das Monstrum zu töten und die Saat auszubringen – allerdings mit ungewöhnlicher Ernte, denn aus jedem Zahn keimte ein Krieger, und alle begannen sofort sich gegenseitig zu töten. Am Ende blieben von der Drachensaat fünf Kämpfer übrig, und das Leben in der neuen Stadt Theben begann zu blühen.

Bis heute dient das Säen von Drachenzähnen als Sinnbild für Zwietracht. Denn kaum ist die »Drachensaat« aufgegangen, werden die schlimmen Folgen von Hader und Zank sichtbar.

Eher geht ein Kamel
durch ein Nadelöhr

Der feine Herr pflegt unter dem Frack ein Hemd mit Stehkragen zu tragen. Eher wie ein Stücke Pappe wirkend, schmiegt sich der Rundkragen eng um den Hals, wobei vorn durch die umgebogenen Spitzen eine Aussparung für den Adamsapfel freigelassen ist. Diese Kragenspitzen bildeten eine Art Rampe, die beim Essen recht hinderlich sein kann, und mehr als einmal schon soll ein gefüllter Suppenlöffel an den Kragenspitzen gescheitert sein. Solch eine Ungeschicklichkeit scheint in Frankreich, vielleicht wegen eines Champagnerschwipses, besonders häufig vorgekommen zu sein, weswegen diese Kragen auf Französisch »parasites« bezeichnet wurden, was nichts anderes heißt als »Mitesser«. Bei der Übersetzung dieser französischen Bezeichnung scheint eine Panne passiert zu sein: Jemand verirrte sich wohl im Wörterbuch um einige Zeilen und landete, statt bei den Parasiten, den Mitessern, bei den »parricide«. So kam es, dass bei uns diese Stehkragen mit den abgeknickten Ecken als »Vatermörder« bezeichnet wurden, denn nichts anderes bedeutet das französische Wort parricide.

Ein ähnlicher Fehler unterlief auch den Übersetzern des Neuen Testaments. Im aramäischen Urtext ist von »gamta« die Rede, was eigentlich Tau oder Seil bedeutet. Doch dieses Wort wurde schon vor mehr als tausend Jahren mit dem Wort »gamla« verwechselt, und das bedeutet »Kamel«. Nachdem auf diese Weise das Kamel unbeabsichtigt in die Heilige Schrift gelangt war, blieb es bei allen nachfolgenden Ausgaben ungeprüft stehen. Der allgemein gebräuchliche Vergleich, dass eher ein Kamel durch ein Nadelöhr ginge als … müsste also richtig heißen: »Eher passt ein dickes Seil durch ein Nadelöhr, als dass ein Reicher in den Himmel kommt.«

Schlimm genug, aber einige Schriftdeuter entdeckten in dem Satz noch eine zweite Falle. Denn auch hinsichtlich des Nadelöhrs gab es die Variante, dass es sich dabei gar nicht um die Öffnung einer Nadel handelte, sondern eher um ein damals überall bekanntes enges Tor in der Stadtmauer von Jerusalem. Das wurde zu der Zeit im Volksmund ganz allgemein als Nadelöhr bezeichnet.

Welche Version die richtige ist, kann kaum mehr geklärt werden. Doch das Problem mit dem Kamel und dem Nadelöhr wird wohl weiterhin in einer Redewendung erhalten bleiben, schon weil es eine so skurrile Vorstellung ist. Letztlich ist es gleichgültig, ob es sich um ein Kamel, ein Seil, ein Nadelöhr oder ein Stadttor handelt. Alle diese Vergleiche sollen ja nur ausdrücken, dass es Dinge oder Aufgaben gibt, von denen man weiß, dass es unmöglich ist, sie zu vollbringen. Dann heißt es manchmal: »Eher geht ein Kamel durch ein Nadelöhr …!«

Eierlegende Wollmilchsau

Angefangen hat es mit einer Keule, mit der man seinen Gegner kampfunfähig schlagen konnte. Später kämpften Soldaten mit Schwert, Säbel, Gewehr oder Kanonen, und schließlich wurde das Militär mit Bomben ausgestattet. Um diese Bomben zum Einsatz zu bringen, brauchte man Flugzeuge. Anfangs hatte jedes Flugzeug eine eindeutige Aufgabe: Es wurde entweder als Jagdflugzeug, als Abfangjäger, als Aufklärungsflugzeug oder als Bomber eingesetzt. Eine solche Vielfalt an fliegenden Geräten wurde aber für die Streitkräfte zu unübersichtlich, so dass Ende der 1960er Jahre beschlossen wurde, einen speziellen Superflieger zu konstruieren, der alles in einem können sollte.

Piloten der Deutschen Bundeswehr, die mit dem fliegenden Alleskönner konfrontiert wurden, brachten die Sache schnell auf den Punkt, indem sie das neue Mehrkampfflugzeug zunächst als »eierlegendes milchgebendes Wollschwein« bezeichneten. Ab 1970 setzte sich dann für den eigentlich »Panavia Tornado« genannten Universalflieger im Bundeswehrjargon die bis heute übliche Variante »eierlegende Wollmilchsau« durch.

Man sprach also von dem Flugzeug so, als handelte es sich um ein Nutztier, welches die Fähigkeiten einer Milchkuh, eines Wollschafs, eines Eier legenden Huhns und des schweinischen Fleischlieferanten in sich vereinte. Zumindest in Bayern erkannte man schnell eine Ähnlichkeit mit einem anderen berühmten Mischwesen, dem Wolpertinger. Dieses volkstümliche Ungeheuer lieferte zwar weder Fleisch, Milch noch Wolle, war aber ebenfalls ein »Multifunktionstier«, bestehend aus diversen unterschiedlichen Nutztieren wie Hase, Gans und Ente.

Das neue Geschöpf, die eierlegende Wollmilchsau, befriedigte ein allgemeines gesellschaftliches Verlangen. Ab dem Jahr 1980 war der Ausdruck so weit verbreitet, dass jeder die Bedeutung dieses Fabeltiers als Hervorhebung einer Multifunktionsvorrichtung kannte. Ob das Mehrkampfflugzeug alle Erwartungen erfüllt hat, wissen wir nicht. In der Alltagssprache wurde die »Eier legende Wollmilchsau« jedoch zur ironisch gemeinten Bezeichnung für etwas, das sich jeder erträumt, dessen besonders vielfältige Eigenschaften oder Fähigkeiten jedoch wenig sinnvoll und alles andere als realitätsnah sind.

Ein Brett vorm Kopf haben

Im Gegensatz zum gefährlich wilden Stier gilt der seiner Männlichkeit beraubte Ochse meist als friedliches Beispiel gewaltiger Muskelkraft. Allerdings begegnet man Ochsen heutzutage kaum in Fleisch und Blut, doch als Namensgeber für traditionelle Dorfgaststätten oder auf deren Speisekarten mit Gerichten wie der berühmten Ochsenschwanzsuppe, ist er nach wie vor, zumindest bildlich, präsent. In der guten alten Zeit aber waren es, wenn es richtig schwere Arbeit gab, die geduldigen, gutmütigen Ochsen, die man überall vor Egge oder Pflug spannte, um die Felder zu bearbeiten. In ihrer Funktion als nützliche Zugtiere sind die Ochsen jedoch schon längst von PS-starken Traktoren abgelöst worden.

Damit die einstigen Zugochsen ihre schweren Lasten möglichst effektiv fortbewegen konnten, mussten sie in die jeweiligen Ackergeräte eingespannt werden. Das bewerkstelligte man früher im Allgemeinen mit einem sogenannten Joch. Es gab zwei verschiedene, wenn auch wenig unterschiedliche Methoden. Das Stirnjoch wurde vor den Hörnern angebracht, während das Nackenjoch auf der Hinterseite der Hörner befestigt wurde. Anfangs bestand so ein Joch aus einem einfachen, aber derben Brett, das an den Hörnern des Zugochsen befestigt wurde. Am Joch wurde dann eine Deichsel angebracht, mit der Pflüge oder Karren gezogen und auch gelenkt werden konnten.

Beide dieser einfachen Einspannungsformen im Kopfjoch bedeuteten für die Ochsen jedoch eine körperlich widernatürliche Belastung, da sie die Zuglast allein durch die Kraft der Nackenmuskeln bewegen mussten. Durch die Art der Anschirrung konnten die Tiere den Kopf kaum bewegen, denn er wurde fortwährend stark nach hinten gezerrt. Dadurch waren die Ochsen nicht in der Lage, die meist in großen Mengen vorhandenen lästigen Fliegen und Mücken abzuwehren. Auf diese Weise »unterjocht« und ihres eigenen Willens beraubt, wirkten die Tiere ziemlich stumpfsinnig. Was links und rechts von ihnen passierte, konnten sie überhaupt nicht wahrnehmen. Sie wurden daher meist als engstirnig und borniert angesehen.

Abgeleitet von dem durch das Joch verursachten eingeengten Gesichtsfeld der Ochsen ist eine Redensart entstanden, die sich im übertragenen Sinn auf menschliche Schwächen bezieht. Wenn jemand ausgesprochen begriffsstutzig ist und das eigentlich Offensichtliche nicht erkennen kann, dann heißt es von ihm, er habe wohl, wie einst die Zugochsen, »ein Brett vor dem Kopf«.

Eine alte Unke

Unken gehören zur Familie der sogenannten Scheiben-
zängler und damit zu den Amphibien, wo sie wiederum
zur Unterklasse der Froschlurchen gezählt werden. Sie haben
eine dunkle Rückenpartie, sind ungefähr vier Zentimeter lang,
und ihre Unterseite ist meist leuchtend gefärbt. Normalerweise halten sich diese Amphibien fast unsichtbar im seichten
Uferbereich der Gewässer auf und produzieren von dort aus
ihr melancholisch-melodisches »unk-unk«.

Auch wenn für menschliche Ohren ein Unkenruf genau wie
der andere klingt, sind die Unkenweibchen verzückte Zuhö-
rer bei dem oft wochenlangen, Tag und Nacht andauernden
»Wettunken« zweier oder mehrerer Unkenmännchen. Doch
sobald auch nur die geringste Störung zu ahnen ist, gehen die
Unken auf Tauchstation. Das hatte schon Tiervater Brehm zu
der lakonischen Feststellung veranlasst: »Ein Hauptzug ihres
Wesens ist unbegrenzte Furchtsamkeit.« Obwohl die Unken-
konzerte sehr melodisch sein können, haben die Menschen
früher keinerlei Gefallen daran gefunden. Der Gesang löste
meist Angst und Entsetzen aus, und zwar nicht nur, wenn er
aus den ohnehin gefürchteten Sumpfgebieten ertönte. Als Verwandte der oft hässlichen und manchmal sogar giftigen Krö-
ten sah man damals die Unken als von bösen Geistern beses-
sene Tiere an. In jedem Unkenruf vermutete man eine düstere
Prophezeiung, und man glaubte sogar, dass schon das Hören
der Unkenrufe Unheil bedeutete.

Heute freuen sich vor allem die Naturschützer, wenn sie

noch hin und wieder das tiefe »unk-unk« der vom Aussterben bedrohten Froschlurche hören. Die Unken sind nämlich zu wichtigen Indikatoren für den Zustand unserer Gewässer geworden. Trotzdem wird die Unke auch als Synonym für ganz bestimmte Menschen angewandt, die voller Pessimismus immer und überall nur das Schlimmste erwarten. Diese werden oft als »unleidliche alte Unken« bezeichnet, was sich aber auch auf quengelige junge Mädchen und Frauen beziehen kann, wobei der Ausdruck »rumunken« für übertriebene Schwarzseherei verwendet wird.

So wie die geheimnisvollen Töne der Tiere heute nicht mehr als dunkle Prophezeiungen gelten, hat sich die Redewendung »entgegen allen Unkenrufen« entwickelt, mit der eine von Zweiflern geäußerte pessimistische Prognose als unnötige Bedenken und Ängstlichkeiten abqualifiziert werden soll.

Eine Eselsbrücke bauen

Seit dem Jahr 2006 ist der Planet Pluto aus der Oberliga der Gruppe der Planeten rausgeworfen worden. Die Experten der Internationalen Astronomischen Union befanden, Pluto könne nicht mehr als Planet bezeichnet werden, weil er die Umgebung seiner Bahn nicht leerfegte und so den geltenden Planetenbestimmungen nicht mehr genüge. Damit ist es nun auch vorbei mit dem lange Zeit in Schülerkreisen üblichen Merksatz: »Mein Vater erklärt mir jeden Sonntag unsere neun Planeten.«Die Anfangsbuchstaben der Wörter dieses Satzes wiesen nämlich auf die himmlische Reihenfolge der Planeten hin: Merkur, Venus, Erde, Mars, Jupiter, Saturn, Uranus, Neptun – und da fehlt jetzt leider das »P« für Pluto, womit der Satz unvollständig ist. Er wurde deshalb abgewandelt in: »Mein Vater erklärt mir jeden Sonntag unseren Nachthimmel.«

Es gibt viele dieser oft albernen kleinen Sprüche, die dazu dienen, große Sachverhalte im Gedächtnis zu behalten, und solche leicht einzuprägenden Merksätze bezeichnen wir meist als Eselsbrücken. Das könnte vielleicht damit zu tun haben, dass für Esel früher Brücken gebaut werden mussten. Denn die angeblich dummen und störrischen Esel sind in Wirklichkeit ziemlich schlau und wissen ganz genau, was sie wollen, was ihnen guttut und was nicht. Esel mögen keine nassen Hufe, weil die sehr verletzlich sind, und deswegen ist es fast unmöglich, mit dem Grautier einen Fluss oder einen Bach zu durchqueren. Früher, als noch viele Waren mit Packeseln transportiert wurden, war das ein ernstes Problem. Musste auf der Reise ein Fluss überquert werden, wurde eigens für den eigensinnigen Esel an einer möglichst schmalen Stelle eine Art Brücke gebaut: Die sogenannte Eselsbrücke. Diese Brücke durfte keinerlei Spalten und Risse in oder zwischen den Planken haben, denn wenn der Esel durch solch einen Zwischenräume den Fluss oder den Abgrund unter sich sehen konnte, weigerte es sich, auch nur einen Huf auf den Steg zu setzen. Eine Eselsbrücke war daher ursprünglich ein kleiner, aber aufwendiger Umweg, der aber schließlich zum Ziel führte.

Heute verstehen wir unter einer Eselsbrücke keineswegs einen Übergang über einen Bach oder Fluss, sondern eine sinnbildliche Gedächtnisstütze, eine rein geistige Angelegenheit: einen Satz, ein Bild oder eine Geste, die hilft, komplexe Themen durch kleine gedankliche Umwege leichter ins Gedächtnis einzuprägen. Es gibt dafür allerdings eine ungewöhnliche Faustregel: Je einfallsreicher und kurioser ein Merksatz ist, desto besser. Eine der bekanntesten Eselsbrücken, mit der sich schon unsere Urgroßeltern eine bestimmte Geschichtszahl einprägten, ist wohl: »Drei, drei, drei, bei Issos Keilerei.«

Eine Gänsehaut kriegen

Bei Vögeln sind die sogenannten Balgdrüsen, in denen die Federn stecken, in der Hautoberfläche immer ein wenig erhöht. Wenn eine Gans gerupft wird, bleiben diese kleinen Höcker zurück. Daher haben Gänse immer das, was der Volksmund bei Menschen als Gänsehaut bezeichnet, also ein menschliches Phänomen, das durchaus rätselhaft erscheint. In der modernen westlichen Medizin gilt Gänsehaut (*Cutis anserina*) als Resultat eines neurophysiologischen Prozesses: Sinnes- und Gedankenreize bewirken in bestimmten Situationen ein Zusammenziehung der Haarmuskeln, worauf sich die Körperhärchen aufrichten und dabei auch die Haut anheben, wobei sie sich dem Zustand einer gerupften Gans annähert.

Es handelt sich dabei um ein inzwischen funktionslos gewordenes Überbleibsel der Vorzeit, in der die Menschen noch dicht behaart waren. Durch das Aufstellen der Haare entstanden auf der Haut Zwischenräume, in denen sich Luftpolster bildeten, die den Körper vor Kälte schützten. Diese Erklärung könnte noch ergänzt werden durch den Hinweis, dass es sich beim Aufstellen der Haare um ein genetisches Erbe aus einer früheren Evolutionsstufe handelt, als das größere Haarvolumen noch dazu beitragen sollte, Stärke zu vermitteln, um dadurch Feinde abzuschrecken. Bei Gefahr sträubt sich auch bei Katzen und Hunden als Drohgebärde das Rückenfell. Dadurch wirken sie größer und imposanter, womit die Chance steigt, den Feind kampflos in die Flucht zu schlagen.

Allerdings ist dieser neurophysiologische Prozess nur ein

Teil des Phänomens. Kälte ist zwar einer der Auslöser von Gänsehaut, aber auch Angst kann dafür sorgen, dass einem die Haare zu Berge stehen. Im deutschen Sprachgebrauch nennen wir das auch Frösteln, Schauer oder Schauder, der über den Rücken läuft, jedoch ganz allgemein wird das Sträuben der Haare in »haarsträubenden« Situationen häufig negativ assoziiert. Auch unser Wort Horror, von lateinisch horrere (sich sträuben), abgeleitet, legt dies nahe. Die damit verbundenen Gefühle sind Angst, Panik, Ekel und Abscheu. Literatur und Kino machen sich dies durchaus zunutze: Schauerromane und Horrorfilme tragen diesen Gefühlen Rechnung und sind buchstäblich dazu da, eine Gänsehaut zu erzeugen.

Doch wir kennen auch das Prickeln, das in schönen, erhabenen, überwältigenden Momenten unsere Körper angenehm durchströmt. In unserer Kultur waren und sind vor allem Dichtung und Musik in der Lage, unseren Geist für diese Art von Fühlen zu öffnen. So finden sich viele Beispiele, bei denen das Prickeln Ausdruck intensiver Gefühle und Gemütszustände ist: Es kann Geborgenheit, Sehnsucht, Melancholie bedeuten. Auch in der Liebe und der Sexualität ist das Prickeln auf der Haut ein Resultat intensiven Erlebens.

Ganz gleich, ob wir frieren, ob die kalte Angst uns packt oder wir vor Ergriffenheit feuchte Augen bekommen, immer bilden sich auf unserer Haut die kleinen typischen Pickelchen der sogenannten Gänsehaut.

Eine Kröte schlucken

Wenn man einen Frosch küsst, dann kann es angeblich passieren, dass er sich in einen Prinzen verwandelt, das kennen wir zumindest aus der Märchenwelt. Wenn man einen Frosch oder auch eine Kröte mindesten dreimal küsst, so sagt der alte Volksglaube, dann hat man einen Wunsch frei. Doch dabei war äußerste Vorsicht geboten. Man glaubte nämlich, es wäre einem Frosch sehr gut möglich, in einem menschlichen Körper zu leben. Es hieß daher, dass man nicht zu viel Wasser trinken sollte, sonst könnte es unter Umständen passieren, dass einem »Frösche im Magen wüchsen«. Tatsächlich gab und gibt es auch heute noch eher hysterische Menschen, die behaupten, sie hätten nicht nur einen Frosch im Hals, sondern auch Frösche im Bauch, also »einen Frosch verschluckt«.

In einer wohl eher erfundenen Geschichte aus dem alten Rom heißt es, dass Kaiser Nero unbedingt nachempfinden wollte, wie es einem »schwangeren Weibe zumute sei«. Er setzte also alles daran, selbst einmal ein solches Gefühl zu erleben. Da das beim besten Willen nicht realisierbar war, empfahl ihm sein Arzt, ein bestimmtes Pulver einzunehmen. Es sollte dazu führen, dass eine Kröte in seinem Magen heranwachsen würde. Tatsächlich gab es eine bestimmte Krötenart, von der es hieß, sie wohne in einer dunklen Höhle und könne sich enorm aufblähen und wieder zusammenziehen, Eigenschaften also, die dem weiblichen Uterus zugesprochen wurden, auch wenn man damals nicht viel darüber wusste. Weil aber dieser unsichtbare Vorgang bei den Frauen nicht nur Schmerzen, sondern angeblich auch hysterische Zustände hervorrufen konnte, wurde er ganz allgemein als unheimlich empfunden und auch gefürchtet.

Die Vorstellung vom Uterus als einer sich bewegenden Kröte, die sich gelegentlich furchtbar und unangenehm aufbläht, war Vorlage für die Redewendung eine »Kröte schlucken«, was bedeutet, etwas trotz negativem Beigeschmack zu akzeptieren.

Eine Schlange
am Busen nähren

Es heißt, dass die ägyptische Königin Kleopatra etwa im Jahr 30 vor Christus ihrem Leben ein Ende gesetzt hat. Im Kampf um die Macht im Römischen Reich hatte sie zu diesem Zeitpunkt jede Hoffnung auf Sieg aufgegeben. Die entscheidende Seeschlacht war verloren, und ihr römischer Geliebter Marcus Antonius war tot. Auch ihr Versuch, dem späteren Kaiser Augustus den Kopf zu verdrehen, muss wohl gescheitert sein. Der Tod erschien ihr daher als letzter Ausweg. Da Schlangen für die Pharaonen das Symbol der Macht waren, gab es für die Königin nur die Möglichkeit, durch Schlangenbiss aus dem Leben zu scheiden. Der Mythos von Kleopatras Tod durch die Schlange ist von verschiedenen antiken Autoren, unter anderem auch von Plutarch, bestätigt worden.

Es verwundert daher nicht, dass im 15. Jahrhundert mit der Wiederentdeckung der antiken Autoren das Motiv des Selbstmords mit der Giftschlange bei vielen bildenden Künstlern wieder aufgetaucht ist. Allerdings bezogen sich die Künstler bald überhaupt nicht mehr auf die historischen Vorbilder. Während Kleopatra anfangs noch züchtig gekleidet mit der Natter am Arm dargestellt wurde, modernisierten sich die bildnerischen Darstellungen im Laufe der Zeit. Sie wurden vor allem zusehends erotischer – und sündiger. Die Schlange biss Kleopatra nun nicht mehr in den Arm, sondern in den entblößten Busen.

Zwar ist Kleopatras Freitod durch einen Schlangenbiss historisch nicht wirklich bewiesen, eines aber ist unbestreitbar: Sie hat das giftige Reptil ganz sicher nicht wirklich an ihrem Busen genährt. Schon damals war nämlich bekannt, dass es unmöglich ist, Schlangen zu domestizieren. Andererseits galt in Ägypten wie in Asien die Kobra als das Tier mit der größten Weisheit. In Europa aber wurden Schlangen vor allem als hinterhältige, falsche und verachtenswerte Unwesen angesehen und daher abwertend als Gewürm oder Schlangengezücht bezeichnet. Das lag auch daran, dass Schlangen im Christentum als Symbol der Falschheit und des Bösen schlechthin galten.

Wer aber die Geschichte über die Vertreibung aus dem Paradies genau liest, muss zur Kenntnis nehmen, dass es nicht die rhetorische Raffinesse der Schlange war, durch die sich Eva und Adam verführen ließen. Es war vielmehr Satan persönlich, der sich als Schlange verkleidet hatte. Und das rührte daher, dass auch aus biblischer Sicht die Schlange als das klügste Tier im Paradies galt. Obwohl sie also nicht die eigentlich Schuldige war, wurde die Schlange dennoch für alle Zeiten verflucht.

Kein Wunder also, dass durch die vorgebliche Kooperation von Eva und der Schlange in der Folgezeit grundsätzlich alle Frauen zu Schlangen, oder schlimmer noch, zu falschen Schlangen gemacht wurden. Die Redensart von der Schlange, die jemandem an seinem Busen genährt hatte, bedeutet: Es hat sich jemand listig und schmeichlerisch an einen anderen herangemacht, um von ihm heuchlerisch zu profitieren und heimtückisch sein Vertrauen zu missbrauchen. Und die sprichwörtliche »Schlangengrube« war demnach ein Ort, an dem das zu finden war, was Frauen angeblich am Busen genährt hatten.

Eine Schwalbe macht
noch keinen Sommer

Es war einmal ein junger Grieche, den Glück und Unglück unmittelbar nacheinander trafen. Als nämlich in kurzen Abständen nacheinander Vater und Mutter gestorben waren, erbte der junge Mann ein stattliches Vermögen. Der doppelte Todesfall hatte sich im Herbst ereignet, und so lebte der junge Erbe den ganzen Winter lang in Saus und Braus. Er lud seine Freunde ein und bewirtete sie unter dem Motto: »Von allem nur das Beste.« Am Ende des Winters war das ganze Geld fort, und er besaß eigentlich nur noch seinen warmen Mantel. Als der junge Mann etwas frustriert zum Himmel blickte, entdeckte er eine Schwalbe und betrachtete sie als den ersten Frühlingsboten. Die Schwalben kommen aus dem Süden zurück, also brauche ich keinen warmen Mantel mehr, dachte er sich offenbar und verkaufte den Mantel.

Doch schon am nächsten Tag war der Winter mit Schnee und Eis zurückgekehrt. Der junge Mann fror erbärmlich und fühlte sich von der Schwalbe betrogen, die allerdings inzwischen erfroren war. Ob der junge Mann trotz Schnee und Eis den Frühling erlebte, verschweigt der Fabeldichter Aesop. Doch die Geschichte hat sich bis heute erhalten und dient als Warnung, dass man aus irgendwelchen ungewissen Anzeichen keine voreiligen Schlüsse ziehen sollte. Nichts anderes ist nämlich gemeint mit dem warnenden Ausspruch: »Eine Schwalbe macht noch keinen Sommer.«

Einem geschenkten
Gaul schaut
man nicht ins Maul

Um Flüssigkeit aus einer Flasche in ein Glas zu füllen, muss die Flasche in jedem Fall mehr oder weniger schräg gehalten werden. Diese Binsenweisheit spiegelt sich auch in unserer Sprache wider, denn die Urform unseres »Schenkens« lässt sich mit ziemlicher Sicherheit herleiten von dem germanischen Wort »skankjan«, was so viel wie »schräg halten« heißt. Demgemäß wurde in der Schenke und auch im Ausschank eingeschenkt. Zwar wird einem da selten etwas geschenkt, denn irgendwer muss es immer bezahlen. Dennoch wird seit dem 15. Jahrhundert nicht nur vom Einschenken der Getränke berichtet, sondern es ist auch schon von Schenken die Rede, wenn jemand einem anderen etwas ohne Gegenleistung gegeben hat.

In der Regel sollte die Gabe eines Geschenks keine Pflichterfüllung sein, sondern Freude machen und von Herzen kommen. Das Ganze war wohl immer schon ein Thema. »Geschenkt ist geschenkt« heißt es, und mit etwas Glück bekommt man sogar ein Pferd geschenkt, und dann gilt: Einem geschenkten Gaul schaut man nicht ins Maul! Schon das Wort »Gaul« lässt darauf schließen, dass kein Araberhengst vor der Tür steht. Vielmehr wird es sich eher um die kostenlose Übergabe eines müden Kleppers handeln, dessen

Alter und Wert mit einem Blick auf das Gebiss festgestellt werden kann. Die alte Redewendung fordert uns dazu auf, ganz generell mit einem Geschenk, so wie es ist, zufrieden zu sein, denn »einem geschenkten Gaul schaut man nicht ins Maul«.

Einen Drehwurm haben

Wenn sich das eine oder andere seiner Schafe auf der Weide plötzlich wie irre im Kreis drehte, dann war dem Bauern schnell klar, dass die Tiere von einer Art Wahn befallen waren. Eine laienhafte Erklärung für diese Verhaltensauffälligkeit der Schafe war die Annahme, dass sie den sogenannten Drehwurm hatten. In Wirklichkeit wurde dieser zwanghafte Bewegungsdrang, das wusste man, durch die Larven des Hundebandwurms ausgelöst. Die stammten meist aus den Därmen der Hütehunde und wurden mit deren Kot ausgeschieden. Auf der Wiese verteilt, landeten die Bandwurmlarven mit dem Gras in den Mägen der stets hungrigen Schafe. Dort verwandelten sie sich in äußerst widerstandsfähige Würmer, die sich häufig im Gehirn der Schafe festsetzten. Sie verursachten Schwindelanfälle, bewirkten diverse dramatische Störungen und Ausfälle und führten schließlich unweigerlich zum Tod der Schafe. Oft wurde dann, aus schierer Unwissenheit, das Fleisch dieser Schafe wiederum an die Hunde verfüttert. So entstand ein nicht enden wollender Kreislauf der Verbreitung der Krankheit.

Von Anfang an war angenommen worden, dass dieser Wurm auf den Menschen überspringen könnte. Wenn wir aber heute sagen, jemand hätte einen Drehwurm, dann hat dies überhaupt nichts mit dem Hundebandwurm zu tun. Sondern wir meinen damit, dass jemandem wohl vor lauter Drehen und Wenden schwindelig geworden ist, was natürlich auch beim Tanzen passieren kann. Es kann einem davon sogar richtig schlecht werden, aber die Angelegenheit ist für Menschen in der Regel harmlos. Vor allem von Kindern, die sich mutwillig immerzu im Kreis drehen oder etwas taumelig aus einem Karussell steigen, heißt es auch noch heute, obwohl man ihn in Wirklichkeit noch nie und nirgendwo zu Gesicht bekommen hat, sie »hätten einen Drehwurm«.

Einen Frosch im Hals haben

Knusprig gebratene Froschschenkel gelten zumindest bei Liebhabern der französischen Küche als Delikatesse. Dagegen verursacht die Vorstellung das komplette Tier zu verzehren eher einen Würgereiz. Dennoch ist eine Therapie überliefert, bei der ein Frosch zumindest in den Mund genommen werden muss. Nach mittelalterlicher Heilkunde, die noch bis in die Neuzeit eingesetzt wurde, handelte es sich um eine spezielle Anwendung, um Husten und Halsschmerzen zu lindern. Dabei musste das Sekret einer bestimmten Froschart angewendet werden. Die einfachste Methode, diese Substanz zu gewinnen, bestand darin, dass der Erkrankte einen Frosch für eine vom Arzt festgesetzte Zeit in den Mund nehmen musste. Möglicherweise ist die Redewendung vom »Frosch im Hals« auf diese Therapie zurückzuführen.

Auch wenn heute keine Amphibien mehr geschluckt werden, ist der Frosch in der Medizin bis heute ein typisches Krankheitsbild. Der lateinische Fachbegriff für eine zystische Geschwulst im Mundbereich, die beim Sprechen Probleme hervorrufen kann, lautet daher »Ranula«, was nichts anderes als Frosch bedeutet. Die Bezeichnung hat aber auch mit dem Aussehen der Geschwulst zu tun, die dem Kehlsack eines Frosches gleicht. Umgangssprachlich wird diese seltene Krankheit daher Fröschleingeschwulst genannt. Mit diesem Krankheitsbild hat jedoch die Redensart »Frosch im Hals« nichts zu tun, denn damit ist meistens nur gemeint, dass man sich wegen eines trockenen Halses räuspern muss, damit die Stimme nicht gänzlich versagt.

Einen Kater haben

Die einen empfehlen regelmäßige Saunabesuche, andere halten die tägliche Dosis Vitamin C für das Mittel der Wahl, um die alljährlich wiederkehrende rote Tropfnase zu vermeiden. Die Wirksamkeit solcher Hausrezepte ist allerdings umstritten, weil wir wohl immer noch nicht ganz genau wissen, wie und wodurch ein Schnupfen entsteht. Allerdings hatte der große Philosoph Aristoteles schon im 4. vorchristlichen Jahrhundert eine ebenso überraschende wie einleuchtende Erklärung publiziert. Darin beweist er – halb physiologisch, halb meteorologisch das Kleine mit dem Großen vergleichend –, dass der Schnupfen ganz ähnlich zustande kommt wie der Regen.

Nun hatte man allerdings damals eine etwas andere Vorstellung von der menschlichen Anatomie. Man war der Ansicht, alle psychisch gelenkten Funktionen hätten mit dem Herzen als dem vornehmsten und generell führenden Organ zu tun. Daher ging Aristoteles davon aus, dass das Gehirn nichts anderes sei als ein Kältespeicher, der als ausgleichendes Organ funktionierte und so den Wärmehaushalt des Körpers regulierte. Blut galt als Produkt feinstverdauter Nahrung, das, wie in einem Kessel, im Herzen gesammelt, erhitzt und sogar verdampft wurde, um so den anderen Organen zugeleitet zu werden. Da aber die heißen Dämpfe immer nach oben in die kalten Regionen des Gehirns stiegen, käme es am Rand dieser »Kaltfront« zu Kondenswasser, und das sei dann eben der Schnupfen.

Schon in der griechischen Medizin wurde der Schleimfluss von der Hirnregion zur Nase »katarrhus« genannt. Die später auch im Deutschen übliche Bezeichnung »Katarrh« hatten sicher auch die sprichwörtlich lebenslustigen Leipziger Studenten gekannt. Offenbar war ihnen nach ihren ausgiebigen Besuchen in Auerbachs Keller nicht immer nur »ganz kannibalisch wohl als wie fünfhundert Säuen«. Vielmehr befanden sie sich wegen der üblicherweise reichlichen Abfüllung mit Alkohol am nächsten Morgen oft in einer etwas »verschnupften« Stimmung. Diese war natürlich nicht wirklich vergleichbar mit dem gemeinen Feld-Wald-und-Wiesen-Schnupfen oder gar mit einem echten Katarrh. Dennoch wurde der »Brummschädel« häufig als solcher verbrämt. Und schließlich mutierte unter Studenten der fremdartig klingende und aus dem Griechischen abgeleitete Katarrh zu einem heimisch schnurrenden sächsischen Kater.

Einen Vogel haben

Bisher haben selbst die neuzeitlichen Neurobiologen nicht eindeutig herausfinden können, ob es tatsächlich anatomische Unterschiede zwischen einfältigen und klugen Köpfen gibt. Früher war man sich sogar weitgehend unklar darüber, ob das Gehirn generell Sitz und Quelle gedanklicher Regungen und Tätigkeiten ist. Erst im 15. Jahrhundert ist man schließlich darauf gekommen, dass alle Denkprozesse des Menschen im Kopf und nicht im Herzen, im Bauch oder sonst irgendwo im Körper stattfinden. Gleichzeitig glaubte man aber auch, dass es im Kopf unangenehme Parasiten gäbe, die den Verstand beeinträchtigen könnten.

Nach altem Volksglauben herrschte nämlich die Vorstellung, dass Menschen, die sich etwas seltsam verhielten oder gar unzurechnungsfähig waren, von krank machenden Dämonen besessen wären. Man führte alle auftretenden Veränderungen des Verhaltens und Abweichungen von der Norm auf irgendwelche Vögel zurück, die in der Lage waren, sich im Kopf einzunisten. Halluzinationen, Demenz, Desorientiertheit oder Wahnvorstellungen galten als Zeichen dafür, dass so ein Vogel im Kopf herumflatterte und die betreffende Person verrückt machte.

Auch heutzutage hat man manchmal den Eindruck, es könnte tatsächlich solche Vögel geben. Aber wer heute »einen Vogel hat«, der wird nicht gleich als geisteskrank angesehen oder für verrückt erklärt, auch wenn er sich anderen gegenüber etwas sonderbar oder provozierend verhält. Vielmehr soll mit: »Der hat einen Vogel«, »Bei dem piept es wohl«, oder »… hat wohl eine Meise«, angedeutet werden, dass man den Kopf des Betreffenden für weitgehend hirnlos, hohl und leer hält und sich da wenig herausholen lässt. Meist äußert man diese Vermutung aber nicht unbedingt verbal, sondern man tippt sich nur mit dem Zeigefinder an die Stirn. Diese Geste ist inzwischen international und wird fast überall auf der Welt verstanden. Sie kann aber, weil sie als diskriminierend angesehen wird, dazu führen, dass man Strafe zahlen muss.

Elchtest

In der deutschen Sprache tummeln sich seit Jahrhunderten alle möglichen Tiere: Es gibt die »Elefantenhochzeit«, »Krokodilstränen«, den »Papiertiger«, »Katzenjammer« und eine Großveranstaltung wird in der Regel mit dem Zusatz »Mammut« versehen, obwohl dasselbe seit Zehntausenden von Jahren ausgestorben ist. Seit Ende des 20. Jahrhunderts schreitet nun auch der Elch durchs Deutsche.

Der Elch ist in Europa hauptsächlich in den dunklen Wäldern Skandinaviens zu Hause. Dummerweise verlässt er zuweilen gerne den dunklen Forst, schaut weder rechts noch links und überquert einfach mal eine Straße. Zwar machen Warnschilder mit seiner Silhouette vor dem möglicherweise plötzlich auftauchenden Tier aufmerksam, dennoch ist dieser mächtigste aller Hirsche, der bis zu einer halben Tonne schwer werden kann, in Schweden ein ernstes Verkehrsproblem. Wenn der Elch mit dunklem Fell gut getarnt im düsteren nordischen Winter die Straßenseite wechselt, endet ein Zusammentreffen meist tödlich, oft für den Elch, aber mit ziemlicher Sicherheit auch für die Autofahrer. Deswegen gehört zum Repertoire der schwedischen Autotester ein Programm, um diese Zusammenstöße zu simulieren.

Bei dieser Prüfung werden allerdings nicht die Tiere getestet, ob sie begriffen haben, nach links und rechts zu schauen, bevor sie die Straße überqueren. Der schwedische Test prüft vielmehr jedes neue Automobil, das auf den Markt kommt, ob es technisch in der Lage ist, einem plötzlich auftauchenden Hindernis solchen Kalibers unbeschadet auszuweichen. Bekanntlich konnte dies die A-Klasse von Mercedes nicht: Am 8. Oktober 1997 kippte das Fahrzeug um, und der Begriff Elchtest begann seinen Siegeszug durch den deutschen Sprachraum. Inzwischen gehört das Wort Elchtest genauso wie »the weltschmerz« und »le waldsterben« zu einem erfolgreichen deutschen sprachlichen Exportartikel.

Es zieht wie Hechtsuppe

Seebäder, aber auch andere Kurorte am Meer sind insbesondere wegen ihrer frischen Luft berühmt. Schutz vor den auffrischenden Seewinden bieten gemütliche Kneipen, und die sind an allen Küsten der Welt für ihre Fischspezialitäten bekannt. Ob Bouillabaisse oder einfach Fischsuppe nach Matrosenart, es gibt fast kein Rezept, bei dem die Fische bei der Zubereitung nicht für eine Weile in der Gemüsebrühe ziehen müssen. Das gilt selbstverständlich auch für ländliche Suppen aller Art mit oder ohne Fischeinlage. Besonders lange muss immer die Fischsuppe mit Hechtklößchen ziehen, weil sich nur so der Geschmack richtig entfalten kann. Insofern ist es also durchaus nicht falsch, wenn auch heute noch vom besonderen Ziehen der Hechtsuppe geredet wird. Dennoch hat dieser kulinarische Rückbezug nicht wirklich mit der bekannten Redewendung, in der es »zieht wie Hechtsuppe«, zu tun. Bei diesem Ausspruch soll ja eher zum Ausdruck gebracht werden, dass ein unangenehmer, kalter Luftzug durch irgendwelche Räumlichkeiten weht.

Sprachforscher glauben, dass die Hechtsuppe in diesem Fall eine missverstandene lautmalerische Entsprechung des jiddischen Ausdrucks »hech supha« sein könnte. Denn »supha« kann man mit Sturmwind übersetzen, und »hech« entspricht dem deutschen Fragewort »wie«. Demnach ließe sich das jiddische »hech supha« mit »wie ein Sturmwind« übersetzen.

Eine andere Erklärung für diesen Ausspruch leitet sich von der Fischsuppe ab. Von ihr heißt es, dass sie vor allem in Norddeutschland ziemlich scharf gewürzt sein müsse, weshalb einem beim Verzehr der Mund »brennen« könne. Das hätte ein unangenehmes Zusammenziehen der Zunge und des Mundinneren zur Folge, weshalb dann möglicherweise bei heftiger Zugluft, die einen zittern und frieren lässt, häufig behauptet wird: »Das zieht ja hier wie Hechtsuppe.«

Eulen nach Athen tragen

Ihr lautloser Flug durch die Nacht, ihr starrer Blick aus den übergroß erscheinenden Augen in einem fast menschlich wirkenden Gesicht, ihre unheimlich klingenden Rufe und seltsamen nächtlichen Streifzüge machen die Eule für viele Menschen zum Gegenstand bizarrer Fantasien. Im Mittelalter verunglimpfte man die Eule als Komplizin von Hexen und Zauberern, aber sie galt auch als klug und sehr weise. Eulen wurden daher verehrt und gefürchtet, bewundert und verabscheut, besungen und angebetet, aber angeblich auch gekocht und gebraten.

In der Götterwelt der Griechen war die weise Eule eine ständige Begleiterin der wehrhaften Zeustochter Pallas Athene. In dieser Rolle hatte der Vogel natürlich ein bevorzugtes Wohnrecht in der Stadt Athen, auch wenn das die Athener nicht besonders begeisterte. Die Eulen, die die Akropolis in Massen bevölkerten, waren für die Menschen eher unangenehme nächtliche Ruhestörer. Ihre merkwürdigen, fast menschlichen Rufe, das grelle Gekreische und die vielen Laute, die manchmal wie Bellen, Lachen und Zischen klangen, raubten den Athenern den Schlaf und verdarben ihnen die Laune.

Dabei waren die Vögel in Athen nicht, wie bei uns, erst nach Sonnenuntergang unterwegs. Man begegnete ihnen Tag und Nacht auf Schritt und Tritt, denn auf Öllampen, Salbengefäßen, Amphoren und allen möglichen Staatssiegeln waren sie unübersehbar als Abbild präsent. Und natürlich auch auf dem silbernen Tetradrachmon, der Hauptmünze Athens. Deren

Vorderseite zierte das Konterfei der Schutzgöttin Athene, auf der Rückseite aber thronte die Eule zwischen einem Ölzweig und dem Mond. Die Athener Münzen, die wegen ihrer Prägung einfach »Eulen« genannt wurden, füllten den Athener Staatssäckel in solchen Maßen, dass die Bürger nicht einmal Steuern zahlen mussten. Es waren also jede Menge Eulen aller Art in Athen, weswegen der antike griechische Dichter Aristophanes in seiner Komödie *Die Vögel* einer herannahenden Eule die erstaunte Frage in den Schnabel legte: »Ich bitt' Euch, bringt man Eulen nach Athen?« Damit sollte zum Ausdruck gebracht werden, dass es absoluter Unsinn sei, noch mehr Eulen in die mit den weisen Vögeln schon völlig überbevölkerte Stadt hereinzulassen.

Obwohl in der griechischen Hauptstadt kaum noch lebende oder silberne Eulen im Überfluss vorhanden sind, zitieren wir auch heute noch eine vor über 2000 Jahren geprägte Redensart. Wenn es darum geht, jemanden auf die absolute Sinnlosigkeit seines Tuns hinzuweisen, dann erinnern wir ihn daran, dass das genauso überflüssig sei wie »Eulen nach Athen zu tragen«.

Falsch wie eine Schlange

Seit der Vertreibung aus dem Paradies kennen wir den Kampf zwischen Himmel und Erde, Oben und Unten, und auch zwischen Mann und Frau. Indem man Eva die Schuld am Verlust der paradiesischen Zustände gab, verdammte man alles Weibliche und verband es mit den dunklen Kräften, mit Chaos und Tod. Die Sonne hingegen symbolisierte das männliche Prinzip, stand also für Licht und Leben. Obwohl diese ungerechte Aufteilung nicht naturgegeben ist, hieß es, der Mann sei der Frau überlegen. Und aus dieser Dominanz leitete er jahrhundertelang sein Recht ab, das Weibliche als minderwertig zu betrachten und zu unterdrücken.

Die angebliche Überlegenheit des Mannes wird nur zu gern als ureigenes Konzept des Weltenschöpfers angesehen. »Feindschaft will ich setzen zwischen dir und dem Weibe«, lautete das Urteil, mit dem Adam und Eva aus dem Paradies vertrieben werden. Die Schlange als Anstifterin zum Ungehorsam wird zu einem verderbenbringenden Ungeheuer und die Frau wird ihr gleichgestellt. Sie findet sich mit der »falschen Schlange« am selben Baum wieder, und dieser Baum spendet nicht mehr die Früchte der Unsterblichkeit und Verjüngung, sondern bringt nur noch Tod und Verderben hervor.

Diese christliche Stigmatisierung von Schlange und Frau hat sich bis heute in unserer Alltagssprache erhalten. In Wirklichkeit ist eine »falsche Schlange« kein Reptil, und man meint damit auch keineswegs eine Papierschlange, sondern bezeichnet auf diese Weise eine unaufrichtige, hinterlistige Frau.

Fersengeld geben

Wenn man sagt, jemand würde Fersengeld geben, dann heißt das: Er versucht schnell zu flüchten. Wer eilig davonrennt, bei dem sind möglicherweise sogar die Unterseiten der Fersen sichtbar. Dennoch hat der Ausdruck »Fersengeld geben« vielleicht gar nichts mit den menschlichen Füßen zu tun, sondern mit den tierischen »Färsen«. Als Färsen bezeichnet man junge weibliche Kühe, die noch nicht gekalbt haben. Ob es jemals spezielle Färsenrennen gab, bei denen diese jungen Kühe besonders schnell waren, ist nicht bekannt. Dennoch hat das Jungvieh in der Rechtsordnung des Mittelalters eine bestimmte Rolle gespielt. Die christliche Kirche hatte generell die Ehescheidung verboten, und auch Trennungen waren eigentlich nicht möglich. Aber es gab inoffiziell doch einen Weg, die Auflösung einer gescheiterten ehelichen Gemeinschaft zu erreichen. Schon im *Sachsenspiegel,* dem bekanntesten Rechtsbuch des deutschen Mittelalters, war von einer Art »versne pennige« die Rede – einem »Scheidungsgeld«, das dem Gegenwert einer jungen Kuh entsprach. Und das war nicht wenig, wenn sich ein Kerl aus dem Staub machen wollte. Dennoch wurden diese »versne pennige« wohl nicht selten gezahlt.

Im Spätmittelalter war der Ausdruck dann ganz allgemein gebräuchlich, denn er wurde inzwischen auch im übertragenen Sinn angewandt. Beispielsweise für eine hinterlistige Flucht aus einer Herberge, wenn sich jemand vor der Bezahlung zu drücken versuchte. Oder auch ganz allgemein, wenn sich jemand auffällig schnell davonmachte. In den folgenden Jahrhunderten wurde der Begriff dann sogar als Flucht vor dem Feind interpretiert.

Ob sich das Fersengeld nun auf das Davoneilen der »geschiedenen« Ehemänner bezog oder darauf, dass sie tatsächlich finanziell zur Kasse gebeten wurden, ist nicht wirklich geklärt. Es ist durchaus möglich, dass sich der Ausdruck »Fersengeld geben« nicht auf fliehende Füße bezieht, sondern auf den alten Brauch des Freikaufens aus einer Ehe um den Preis einer jungen Kuh, eben das »Färsengeld«.

Fuchsteufelswild sein

Der Fuchs in der Fabel des Dichters Aesop, der die Trauben nur deshalb für zu sauer erklärte, weil er sie nicht erreichen konnte, wurde später zum Symbol für Heuchelei. Ein anderer Fuchs, nämlich der aus dem bekannten Kinderlied, der die Gans gestohlen hatte, gilt dagegen für immer und alle Zeit als typischer »Kleinkrimineller«. Von Goethes *Reinecke Fuchs* bis zu den Füchsen in den verschiedenen Fabeln waren die sogenannten Rotröcke stets als sehr schlau und listig dargestellt worden. Doch es wurde ihnen andererseits auch eine ganz besondere Art präpotenter Ungezügeltheit angedichtet. Allerdings würde man bei einem Fuchs in freier Wildbahn sicher keine besonders ungestümen Charakterzüge erkennen. Normalerweise wird ein Fuchs nämlich weder fuchsteufelswild, noch fuchst er sich besonders, wenn ihm etwas nicht gelingt. Falls er allerdings an Tollwut erkrankt ist, kann er durchaus ziemlich wild werden, er hat dann sozusagen »den Teufel im Leib« und ist fuchsteufelswild. Und so bezeichnen wir auch diejenigen Menschen als fuchsteufelswild, die aufs Höchste aufgebracht, wütend und zornig sind, so als wären sie des Teufels.

Geschmückt wie ein Pfingstochse

Pfingsten ist eigentlich kein Fest, an dem es Geschenke gibt. Aber es wird ein bestimmtes Tier mit dem Fest in Verbindung gebracht: der Pfingstochse. In vielen Gegenden waren es die Tage um Pfingsten, an denen traditionsgemäß das Vieh zum ersten Mal auf die Weide getrieben wurde. Vor dem Auftrieb zog man mit den Tieren in einem bäuerlichen Umzug oder einer Art Pfingstprozession durch die Gassen und über die Felder. Angeführt wurde die Prozession meist durch das kräftigste Tier des Bauern. Es war normalerweise ein Ochse, der, festlich geschmückt mit Blumen, Bändern, Glocken und Kränzen aus Stroh, die Herde anführte.

Doch nicht immer hatten Ochsen eine derart privilegierte und glückliche Position gehabt: Bis ins 19. Jahrhundert gab es in manchen ländlichen Gebieten den eher verheerenden Brauch, dass sich alle Metzger der Region zu einem großen Pfingstessen trafen. Zu diesem Anlass wurde ein ebenfalls prächtig geschmückter Ochse unter wildem Gejohle durchs Dorf getrieben und konnte von jedem, der Lust dazu hatte, »viehisch« drangsaliert werden, bevor er sein Ende auf der Schlachtplatte fand. Doch nur in wenigen Gegenden haben sich die Bräuche um den Pfingstochsen heute noch erhalten. Wahrscheinlich hatten sie ihren Ursprung in alten germanischen Festen, bei denen zur Begrüßung des Sommers verschiedene Tieropfer üblich waren.

Einige dieser heidnischen Bräuche haben sich mit dem christlichen Brauchtum der Frühlingsfeste zur Pfingstzeit vermischt. Wenn es warm genug ist, kann man heute noch eine Art prächtiger Pfingstochsen entdecken. Es sind zweibeinige, vorwiegend männliche Exemplare, die sich besonders herausgeputzt haben, um beim Pfingstspaziergang den Damen zu gefallen. Aber auch jene Langschläfer, die am Pfingstsonntag mühsam ihren Samstagsrausch zu bekämpfen versuchen und daher erst spät aus dem Bett kommen, gelten im Volksmund als Pfingstochsen.

Glatt wie ein Aal

Über kaum eine andere Fischart werden so viele ekelerregende und mysteriöse Geschichten erzählt wie über den Aal. Schon im Altertum hatten die Aale für den Menschen etwas Unheimliches. Sie schienen aus dem Nichts aufzutauchen, waren glatt und glitschig, und auch die Art ihrer Fortpflanzung war schwer nachvollziehbar. Der große Aristoteles behauptete, Aale entstünden aus Schlamm und lebten zunächst wie die Erdwürmer, um sich dann später in schlangenartige Aale zu verwandeln. Erst Anfang des 19. Jahrhunderts wurden bestimmte, fast durchsichtige, blattförmige Wasserlebewesen entdeckt, die man schließlich als Larven identifizierte, aus denen sich später die Aale entwickelten. Noch heute sind die schlangenartigen Fische nicht endgültig erforscht, aber mit ziemlicher Sicherheit weiß man, dass die gesamte Fischart inzwischen extrem gefährdet ist. Das liegt wohl nicht zuletzt daran, dass für immer mehr Feinschmecker Aale zu einer ganz besonderen Delikatesse geworden sind.

Zusätzlich zu der vom Menschen ausgehenden Gefahr sind Aale aber auch wegen ihrer speziellen Lebens- und Fortpflanzungsgewohnheiten vom Aussterben bedroht. Alle geschlechtsreifen Aale verlassen nämlich eines Tages ihre Lebensräume in den Seen, Flüssen und Küstengewässern Europas und machen sich auf zu ihren Laichgebieten. Diese befinden sich ausschließlich in der Sargassosee, einem Meeresgebiet, das im Atlantik zwischen den Bermudas und den Westindischen Inseln liegt und gleichzeitig Hochzeits- und

Sterbebett der Aale ist. Nach dem Laichen sterben alle erwachsenen Aale, doch aus ihrem Laich entwickeln sich dann Larven, die auch ohne Anleitung ihren Weg zurück nach Europa finden. Wie es sein kann, dass sie die über 5000 Kilometer lange Strecke quer durch den Atlantik bewältigen und woran sie sich orientieren, ist noch immer ein Geheimnis.

Durch ihre stark schleimige Haut sind die Aale so glatt und glitschig, dass man sie mit bloßen Händen kaum festhalten kann. Wie man dieser glitschigen Tiere trotzdem habhaft werden kann, das hat Günther Grass in einer wenig appetitlichen Szene mit einem Pferdekopf in seinem Buch *Die Blechtrommel* beschrieben.

Dass auch von Menschen manchmal behauptet wird, sie wären »aalglatt«, bezieht sich aber weniger auf ihr Äußeres. Vielmehr ist damit gemeint, dass sie besonders geschickt allem ausweichen, was ihnen nicht passt. Sie entwinden und entziehen sich schlau und diplomatisch – oder eben geschickt und durchtrieben – wie die zappelnden, glitschig-schleimigen Aale aus allen Situation, die ihnen nicht angenehm oder zuträglich sind. Das gilt allerdings beim Menschen keineswegs als besonders positive Charaktereigenschaft. Wenn man also von jemandem sagt, er sei »glatt wie ein Aal«, dann bedeutet das, dass er sich nie eindeutig festlegt und man ihm daher nicht wirklich trauen kann.

Hahn im Korb

Jungen Mädchen fielen in ihrer spielerischen Unbeküm-
mertheit zu allen Zeiten manche schelmischen Ausssprü-
che ein, über die man sich amüsierte. Auch die jungen Mägde, die unter anderem die Hühnerställe zu betreuen hatten,
machten sich gern lustig, und zwar ganz besonders über das
Gehabe junger Männer.

Üblicherweise gehörte es zu den täglichen Aufgaben der
Bauernmägde, vor allem der ganz Jungen, die noch nicht für
schwere Feldarbeit zu gebrauchen waren, dass sie die Hühner-
eier einsammeln mussten. Im Stall, aber auch an diversen versteckten Orten hatten sie danach zu suchen, denn die Hennen
wählten gern einsame und unzugängliche Ecken, an denen sie
ihre Nester bauten. Die gefundenen Eier legten die Mägde vorsichtig in Körbe und lieferten sie in der Küche ab.

Wie jeder weiß, sind für eine gut funktionierende Hüh-
nerzucht nicht nur die Hennen zum Legen der Eier notwendig: Ohne einen Hahn würde es keinerlei Nachwuchs geben.
Je älter eine Henne war, desto weniger Eier legte sie. Und
schließlich landete sie im Suppentopf. Da aber gut genährte
junge Hähne viel üppigere und weniger zähe Mahlzeiten als
das weibliche Federvieh lieferten, waren die Gockel auf den
Tischen der Bauerhöfe sehr begehrt. Das führte dazu, dass
manchmal auf dem Hühnerhof kein Hahn mehr für die Be-
fruchtung der Eier vorhanden war.

Die Natur hat offenbar auf Grund rationaler Verbraucher-
regeln es so eingerichtet, dass aus den befruchteten Eiern sel-

tener junge Hähne schlüpfen. Ob diesen dann unter all den weiblichen Hühnerküken von vornherein eine Sonderstellung eingeräumt wurde, ist bisher ungeklärt. Allgemein bekannt ist aber, dass die Bauern in gewissen Notfällen ihre zeugungskräftigsten Hähne auch an die Nachbarn ausgeliehen haben. Es waren meistens die jungen Mägde, die damit betraut wurden, die Hähne einzufangen und in einem gedeckelten Behältnis zum benachbarten Hühnerstall zu tragen.

Weil das Erscheinen des Gockels dort von den gackernden Hennen und auch von der auf die Vermehrung ihrer Hühnerschar erpichten Bauersfrau freudig begrüßt wurde, entstand damals der etwas rätselhafte Ausspruch. Noch heute wird im übertragenen Sinn die populäre Vorrangstellung eines Mannes unter vielen Frauen und Mädchen unterstrichen: Es war und ist in einem solchen Fall die Rede vom oft beneideten »Hahn im Korb«.

Hammelsprung

Manchmal verlassen die Abgeordneten nach längeren Reden und Diskussionen am Ende einer Sitzung auf einen Schlag den Plenarsaal des deutschen Bundestags. Das erweckt den Eindruck, als würde jetzt etwas sehr Seltsames und total Unverständliches vor sich gehen. Kurz darauf kommen zwar alle wieder zurück – allerdings betreten sie den Saal jetzt durch verschiedene Türen. Über der linken Tür hängt ein Schild mit »Nein«, über der mittleren Tür steht »Ja« und über der dritten Tür steht »Enthaltung«. Während die Abgeordneten einer nach dem anderen durch eine der drei Türen den Saal wieder betreten, werden sie gewissenhaft gezählt. Dieses ungewöhnliche Wahlverfahren scheint zu Zeiten bestens funktionierender elektronischer Erfassungsmöglichkeiten stark veraltet. Dennoch wird es bis heute auf Wunsch der Abgeordneten sogar noch in dem mit modernster Kommunikationstechnik ausgestatteten Reichstagsgebäude in Berlin durchgeführt.

Schon 1950 wurde über die Zweckmäßigkeit eines für diese Situation tauglichen elektronischen Systems debattiert, bisher ohne Erfolg. Auch 1859, als Werner von Siemens die preußische Nationalversammlung mit einem telegrafischen Wahlsystem ausstatten wollte, hatte die Mehrzahl der Abgeordneten nichts davon wissen wollen. Es hieß vielmehr, dass eine bestimmte Abstimmungsmethode eine »wichtige Bedingung für die Frische und Gesundheit des parlamentarischen Lebens sei«. Das bedeutete, dass die Abgeordneten es vorzogen, sich auch weiterhin wie Schafe zählen zu lassen.

Ihren Ursprung hat dieses seltsame Abstimmungsverhalten wohlmöglich in der griechischen Mythologie. Da gibt es die Sage, dass sich einst ein überaus starker Zyklop namens Polyphem von dem besonders listigen Odysseus unterkriegen ließ. Odysseus hatte es fertiggebracht, den wütenden Zyklopen zu blenden. Danach gelang es dem tapferen Helden und seinen Gefährten jedoch nur mit Mühe und Not, dem wutschnaubenden Polyphem zu entkommen, indem sie sich, als die Tiere auf die Weide gingen, im Bauchfell der Schafe aus der Herde des Geblendeten festkrallten. Und das, obwohl der Riese alle seine Schafe einzeln abtastete.

Eine Darstellung dieses mythologischen Geschehens war bereits 1894 im alten Berliner Reichstagsgebäude angebracht worden. »Hammelsprung« stand darunter. Zusammen mit einer ganzen Menagerie von Tierbeispielen, zu der das Stimmvieh, der Leithammel und manchmal sogar die Arbeitstiere zählen, ist auch dieser eindeutig landwirtschaftlich klingende Begriff in die parlamentarische Alltagssprache eingegangen. Nach wie vor wird bei unklaren Mehrheiten das Wahlverfahren namens Hammelsprung praktiziert.

Hasenbrot

Im frühen Mittelalter erschien in Byzanz ein erstes naturkundliches Lehrbuch mit kostbaren Malereien und dazugehörenden Erläuterungen auf edelstem Pergament. Unter anderem wurde dort auch der Hase abgehandelt, und die Verfasser wiesen ausdrücklich darauf hin, dass dieses Tier beim Schlafen stets die Augen offen behielte. Diese Besonderheit fanden die Theologen des jungen Christentums so faszinierend, dass sie daraufhin aus dem schlichten Feldhasen ein Christussymbol machten.

Für die frühen Christen war keineswegs unumstritten, ob der gekreuzigte Christus, der nach drei Tagen aus dem Grab verschwunden war, wirklich gestorben war. Man versuchte das Auferstehungsphänomen auch damit zu erklären, dass der Tod des Messias möglicherweise nur eine Zwischenform von Schlaf und biologischem Tod gewesen sein könnte, also eine Art Scheintod. Weil aber der Tod des Gottessohns unmöglich dem Dahinscheiden eines Menschen entsprechen konnte, wurde von einigen Theologen die Besonderheit des mit offenen Augen schlafenden Hasen als Analogie für den Tod Christi verkündet. Aus dem schlichten Feldhasen wurde so ein Christussymbol, und bis heute verkündet der Osterhase als Sinnbild die Auferstehung von Jesus Christus.

Aus vorchristlicher Zeit stammt der Brauch der Opfergabe in Form von sogenannten Gebildbroten. Die kunstvoll geformten Brote ließ man früher in der Kirche weihen, um sie den Bedürftigen zu schenken. Als Vorlage diente die Symbolfigur des Hasen, und in der Regel hatte das Osterbrot die Form eines sitzenden Hasen. Obwohl keiner die österlichen Backwaren heute als Hasenbrot bezeichnen würde, hat sich das Wort bis in die Neuzeit erhalten.

Während der noch bis in die jüngste Zeit herrschenden Hungerzeiten war Brot allgemein eine begehrte Delikatesse. Irgendwann bezeichnete man nicht nur das Osterbrot, sondern auch ein Butterbrot, das als Imbiss mitgenommen, aber nicht verzehrt und wieder mit nach Hause gebracht wurde, als Hasenbrot. Es handelt sich also nicht um etwas Minderwertiges, das zur Verfütterung an die Karnickel vorgesehen gewesen wäre.

Hasenfuß

Der Feldhase ist ein Fluchttier, dessen Überleben zum einen durch seine sprichwörtliche Fruchtbarkeit gesichert ist, zum anderen durch seine legendäre Laufgeschwindigkeit und Taktik, blitzschnell einen Haken zu schlagen. Bei Gefahr versucht sich Meister Lampe zunächst unsichtbar zu machen. Das heißt, er schmiegt sich bewegungslos an den Boden und rennt erst im letzten Moment davon. Dabei kann er auf der Kurzstrecke eine Geschwindigkeit von bis zu 70 Kilometer pro Stunde erreichen und im Notfall bis zu zwei Meter hoch springen. In Anerkennung dieser sportlichen Höchstleistungen des Hasen bezeichnet man in England einen außerordentlich schnellen Läufer als »hare foot« – also als Hasenfuß.

Doch paradoxerweise ist bei uns heutzutage mit Hasenfuß eher ein Angsthase gemeint. Allerdings war auch hierzulande der Hase bis ins Mittelalter als schneller Läufer anerkannt und wurde damals ebenfalls im positiven Sinn als »hasen vûs« bezeichnet. Später wurde dann wohl das Fluchtverhalten des Hasen nicht mehr als positive Eigenschaft anerkannt, sondern eher als Feigheit auf den Menschen übertragen. »Hasenfuß« wurde zu einem Schimpfwort für besonders vorsichtige und ängstliche Menschen. Dieser Bedeutungswandel fand im 18. Jahrhundert statt und hat sich seitdem mehr und mehr durchgesetzt. Dem menschlichen Angsthasen schlägt daher ein »Hasenherz« in der Brust, und wenn einer das »Hasenpanier« ergreift, heißt das, er ist Hals über Kopf auf der Flucht, oder er wird jetzt schlichtweg als ängstlicher »Hasenfuß« bezeichnet.

Heimchen
am Herd

Wissenschaftlich korrekt heißt ein bestimmtes, zur Familie der Grillen gehörendes Krabbeltier Acheta domesticus. »Acheta« bedeutet Sänger und »domesticus« häuslich. Tatsächlich »singt« dieses Insekt, das bei uns Heimchen genannt wird, am liebsten in der Nähe menschlicher Behausungen. Angeblich galten Heimchen sogar schon bei den alten Römern als Zeichen häuslichen Glücks.

Möglicherweise hatte das einen praktischen Hintergrund, denn als in der Küche noch mit offenem Feuer gekocht wurde, musste man ständig aufpassen, dass die Flammen nicht zu groß wurden. Es heißt nun aber, dass die Heimchen zu zirpen beginnen, wenn es ihnen zu heiß wird. Also stellte man einfach einen kleinen Käfig mit einem Heimchen darin neben das Feuer und vertraute darauf, dass das Grillentier als Schutzengel fungieren würde.

Immerhin gibt es in dem Weihnachtsmärchen *Das Heimchen am Herd,* das Charles Dickens im Jahr 1846 schrieb, eine kleine Grille, die zum Schutzengel wurde. Später erfreute sich dann eine zweibeinige Abart dieser Glücksbringer einer ziemlich zweifelhaften Beliebtheit als dominierendes Frauenklischee der 1950er Jahre. Es war eine reichlich spießige Dekade, in der den Frauen vor allem ein erotisches Verhältnis zu ihren Einbauküchen nachgesagt wurde. Etwas davon ist sogar bis heute übrig geblieben. Denn immer noch bezeichnet man junge Frauen, die sich gern vorübergehend ihren Kindern und ihren häuslichen Pflichten widmen, angelehnt an die inzwischen durch Pestizide und Düngemittel fast ausgestorbenen Krabbeltiere, als »Heimchen am Herd«.

Hundstage

Die alten Ägypter hatten zwar keine Ahnung, wo genau die Nilquelle war. Aber sie wussten, dass der Fluss jedes Jahr über die Ufer trat und ihnen den fruchtbaren Schlamm auf ihre Äcker spülte. Angeblich sollen sie sich beim Bau der Pyramiden von Gizeh an den Positionen des Sternbildes Orion ausgerichtet und die regelmäßigen Überschwemmungen des Nils in Rechnung gestellt haben. Es war ihnen jedenfalls bekannt, dass der Fluss immer dann anschwoll, wenn südlich des Hundssterns Canicula der Sirius am Himmel erschienen war und als Hauptstern die Wochen vom 24. Juli bis 23. August beherrschte. Daher machten die alten Ägypter den Hundsstern dafür verantwortlich, dass um diese Jahreszeit regelmäßig der Nil über die Ufer trat.

Später führten auch die Griechen die mit dem aufgehenden Hundsstern beginnende Sommerhitze darauf zurück, dass der gleißend helle Himmelskörper des Sirius offenbar die sengende Kraft der Sonne verstärkte. Der griechische Arzt Hippokrates erkannte, dass sich während der Hundstage die Gallenerkrankungen vermehrten, und auch bei den Römern galten die »dies caniculares«, also die Hundstage, wegen der Hitze und Trockenheit als sehr gefährlich für das leibliche Wohlbefinden von Mensch und Tier.

Heute hat sich sowohl aufgrund der Eigenbewegung des Sternbildes Canis Major, des Großen Hundes, als auch durch die Verschiebung der Erdachse das himmlische Auftauchen der »dies caniculares« um etwa vier Wochen verschoben. Das morgendliche Aufgehen des Hundssterns am Osthimmel kann heute frühestens ab dem 30. August beobachtet werden und ist dadurch jetzt eher ein Zeichen für den nahenden Herbstanfang. Als Verursacher der sommerlichen Hitze werden daher inzwischen nicht mehr irgendwelche astronomischen Kräfte verantwortlich gemacht, sondern das aus dem Wetterbericht bekannte Azorenhoch. Dennoch hat sich auch bei uns für die heißesten Tage des Jahres ein schon im Mittelalter bekannter umgangssprachlicher Begriff erhalten. Auch heute noch bezeichnen wir die hochsommerlichen Hitzetage zwischen dem 24. Juli und dem 23. August als Hundstage.

Heulen wie ein Schlosshund

Welsh Corgis sind eine von der internationalen Zuchtunion FCI anerkannte britische Hunderasse. Schon im 10. Jahrhundert wurden diese Abkömmlinge walisischer Hütehunde in verschiedenen Sagen und Legenden erwähnt. Es handelt sich dabei um kleine kompakte Hunde, die, neben Pferderennen, als einzige Leidenschaft Ihrer Majestät der britischen Königin Elizabeth II. gelten. Es heißt, ihr Futter würde ihnen auf einem silbernen Tablett serviert, zum Frühstück würden sie am liebsten Marmeladentoast verspeisen und im Garten trügen sie, zum Schutz gegen spitze Steine, spezielle Gummischuhe. Kein Grund also, jemals zu heulen, und schon gar nicht »wie ein Schlosshund«.

Tatsächlich sind mit den vermeintlichen Heulsusen unter den Hunden keineswegs diese blaublütigen Kläffer gemeint. Vielmehr ist es der angekettete und damit ausgeschlossene Hund, der sich als Rudeltier allein gelassen fühlt und deshalb laut und viel heult. Glücklicherweise gehören solche armen Kettenhunde inzwischen eher der Vergangenheit an. Doch auch viele Zwingerhunde verleihen ihrer Verlassenheit oft lautstarken Ausdruck.

Aber auch manchen Menschen wird in dieser Beziehung gern hündisches Verhalten nachgesagt. Nein, es geht nicht etwa darum, dass sie feige den Schwanz einklemmen und sich hinter dem Ofen verkriechen! Es heißt vielmehr, auch Menschen würden, wenn sie sehr traurig sind, nicht nur schluchzen oder still ihre Tränen verdrücken, sondern sie würden dann oft laut, lange und wie es sprichwörtlich heißt »heulen wie die Schlosshunde«.

Heuschrecken

Nach 430 Jahren Sklavenarbeit bei den Ägyptern war das jüdische Volk endgültig entschlossen auszuwandern. Doch der Pharao dachte nicht im Traum daran, auf die billigen Arbeitskräfte zu verzichten. Der Konflikt eskalierte. Aber die Juden hatten einen übermächtigen Fürsprecher. Daher geschah es, dass die Ägypter in der Folgezeit äußerst heftig von Gottes Strafgericht heimgesucht wurden. Für einige der zehn Plagen, die das Land am Nil überzogen, gibt es zweifellos plausible naturwissenschaftliche Erklärungen: Nilwasser wird rot und ungenießbar, wenn die Burgunder-Alge sich zersetzt. Insektenschwärme gibt es auch heute, und die lästigen Hundsfliegen, die in Nase, Mund und Ohren eindringen, wurden schon zu Zeiten der Nilschwemme regelmäßig jedes Jahr zum Problem. Es gab die Nilkrätze, die Mensch und Tier mit Geschwüren überzog, und Heuschrecken und Sandstürme sind auch heute noch in den Wüsten Ägyptens sehr gefürchtet.

Ob der biblische Bericht über die Umstände des Auszugs aus Ägypten auf historischen Tatsachen beruht, ist umstritten. Eine dieser alttestamentarischen Plagen hat sich aber offenbar bis heute auf besondere Weise eingeprägt. Es handelt sich um die Heuschreckenplage, bei der die gefräßigen Insekten mit unersättlichem Appetit fressen und fressen, bis ein totaler Kahlschlag erreicht ist.

Im Jahr 2005 erinnerte sich der damalige SPD-Vorsitzende an diese Plage. Dadurch kam er wohl auf die Idee, ausgerechnet mit dieser Metapher eine Gruppe anonymer Investoren zu brandmarken, die mit kurzfristigen und weit überzogenen Renditeerwartungen den Anlegern das Geld aus der Tasche lockten. Seitdem verstehen wir unter Heuschrecken nicht mehr nur gefräßige Insekten, sondern vor allem geldgeile, nimmersatte und nach wie vor auch Kahlschlag verursachende Finanzhaie und Kapitalisten.

Hummeln im Hintern haben

Wenn Kinder überhaupt nicht stillsitzen und ihr Drang nach Bewegung kaum zu bändigen ist, wird neuerdings zumeist das Aufmerksamkeitsdefizit-Syndrom, kurz ADHS, diagnostiziert. Schon vor mehr als 150 Jahren hat der Autor Heinrich Hoffmann in seinem Buch vom *Struwwelpeter* einen ähnlich unruhigen Knaben beschrieben, den er Zappelphilipp nannte. In dieser Geschichte wird sehr anschaulich und drastisch dargestellt, welche Auswirkung solch ein ungebändigter Bewegungsdrang haben kann: keine Minute Ruhe, immer nur Rumgehampel, Kippeln mit dem Stuhl, bis schließlich das Geschirr mit großem Getöse samt Tischtuch auf dem Boden landet.

Das Phänomen, nicht stillsitzen zu können, sondern ständig irgendetwas tun müssen, um nicht vor lauter Energie und Tatendrang auf dem Stuhl hin und her zu rutschen, ist lange schon bekannt. Früher wurde das Rumgezappel mit einem ziemlich naheliegenden Verhalten aus dem Tierreich verglichen, das schon in Martin Luther in seine Sprichwortsammlung aufgenommen hat. Bei ihm heißt es: »*Er hat hummeln ym arse*«, womit gemeint ist, dass jemand immer alles voller Hast und Eile durchziehen muss. Die grummelnden Fluginsekten, deren Name vermutlich eine lautmalerische Umschreibung ihres tiefen Summens und Brummens ist, sind beliebt und selten gefürchtet. Wohl wegen ihrer Unrast und Ruhelosigkeit haben diese umherschwärmenden Hummeln, die ständig auf der Suche nach Blütenstaub sind, zu einem auch auf Menschen bezogenen Ausspruch geführt. Denn wer viel in Bewegung ist und kaum stillsitzen kann, der hat sprichwörtlich »Hummeln im Hintern«.

Hunde, die bellen,
beißen nicht

Selbst bei den kleinsten Kläffern und Kötern kann man nicht immer sicher sein, ob auf sie die bekannte Redewendung »Hunde, die bellen, beißen nicht« wirklich zutrifft. Andererseits steht fest, dass ein Hund, so lange er beim Bellen das Maul aufreißt, nicht gleichzeitig beißen kann. Hundekenner behaupten darüber hinaus, dass Hunde häufig mit ihrem Gebell ihre Freude ausdrücken oder dass damit eine Aufforderung zum Spiel gemeint ist. Dennoch ist nicht von der Hand zu weisen, dass Hunde mit ihrem Gebell auch eine gewisse Drohung signalisieren können, wobei ihnen diese Warnung meist völlig genügt. Statistisch ist aber auch erwiesen, dass Hunde vor tatsächlich erfolgten Angriffen in der Regel keine Warnzeichen gegeben haben. Man sagt ja auch von Menschen, die häufig »losbellen«, sich also übermäßig gereizt und besonders aggressiv aufführen, eher eine gewisse »Beißhemmung« vorliegt. Das heißt, sie tun nur so, als wären sie gefährlich, während sie dann aber schnell den »Schwanz einklemmen«, also klein beigeben. Mit der Redensart, dass Hunde, die bellen nicht beißen, wollen wir also ausdrücken, dass von Menschen, die viel reden oder auch drohen, in Wirklichkeit nicht viel zu erwarten ist.

Jemand ins Bockshorn jagen

Die meisten alten Darstellungen zeigen den lieben Gott als einen ziemlich betagten Mann mit langem Bart und wallendem Haar. Zwar hat der Begriff Gott mit dem germanischen Wort »guda« zu tun – was wiederum seine Wurzel in dem Wort »ghau« hat –, doch beides sagt kaum etwas darüber aus, dass der liebe Gott in seiner Erscheinungsform ein alter Mann sein muss. »Guda« bedeutet nichts anderes als der Angerufene, also Gott. Immer schon waren Götter die durch diverse Zauberformeln anzubetenden überirdischen Wesen.

Doch der Allmächtige wird nicht ausschließlich im ernsthaften Gebet und zu ernsten Themen angerufen. Die Menschen hatten vielmehr immer schon auch ganz alltägliche Anliegen. »Helf Gott!« ist beispielsweise in einigen Gegenden ein gängiger Trost, wenn jemand niest. Das klingt zwar ziemlich profan – oder auch etwas blasphemisch und unnütz –, doch das ist es eigentlich gar nicht. Vielmehr bestand nach alter Vorstellung die Gefahr, dass beim Niesen ein Teil der Seele des Menschen entweichen könnte, weswegen also Gottes Beistand dringend benötigt wurde. Allerdings musste auch darauf geachtet werden, dass der Name Gottes keinesfalls leichtfertig benutzt wurde. Und wohl deswegen ersetzte man im Volksmund den Namen des Herrn bald durch allerlei ähnlich klingende Ausrufe. Es entstanden Ausdrücke wie »Potz« oder »Potz Blitz«. Auch der Ratschlag, sich »nicht ins Bockshorn jagen zu lassen«, empfiehlt den Menschen nichts weiter, als sich vertrauensvoll an Gott zu wenden und sich nicht so leicht einschüchtern oder in die Enge treiben zu lassen.

Obwohl die Redensart vom Bockshorn seit dem 15. Jahrhundert überliefert ist, ist nach wie vor rätselhaft, woher sie kommt. Einerseits könnte dahinter der gute Rat stecken, sich wegen der übelriechenden Früchte möglichst nicht in der Nähe des sogenannten Bockshornklees aufzuhalten. Andererseits wird in der Schweiz mit Bockshorn ganz profan ein als Frühstücksgebäck bekanntes, essbares Hörnchen bezeichnet. Früher soll der Teig dieser Hörnchen vor dem Backen in bestimmte Formen gepresst worden sein, die auch zum Formen von Würstchen benutzt wurden, was möglicherweise so manchen Vegetarier anekelte und daher verjagte. Schließlich hat es auch noch einen etwas obskuren Gelehrten namens Markus Zubrius Boxhorn gegeben, einen offenbar recht unangenehmen Gesellen, der nicht nur seine Schüler, sondern auch andere Leute immerzu übel drangsalierte.

Am schlüssigsten scheint aber, dass sich hinter dem Box- oder Bockshorn nichts anderes verbirgt als eine Verballhornung von »Gottes Zorn«. Hier kommt nun tatsächlich der Teufel ins Spiel. Wenn man jemanden zu beruhigen versuchte, dass er sich nicht vor dem Auftauchen des Gehörnten mit dem Bocksfuß zu fürchten brauchte, benutzte man lange Zeit eine seit dem 16. Jahrhundert bekannte Redewendung und sagte: »Lasst euch doch nicht ins Bockshorn jagen!«

Jemandem die Würmer
aus der Nase ziehen

Schon im alten Ägypten wusste man, dass es mit Hilfe von Natronsalz möglich war, ganz verschiedenen Substanzen Wasser zu entziehen. Dadurch waren die Ägypter schon früh in der Lage, die damals üblichen Mumifizierungen zu perfektionieren und die präparierten Leichname immer besser haltbar zu machen. Die inneren Organe, die vor der Dehydrierung entnommen worden waren, wurden gesalbt, in Leinen gewickelt und dann in speziellen Gefäßen beigesetzt. Anstelle der Organe legte man mit Balsamöl getränktes Leinen, wohlriechende Flechten und Moose, aber manchmal auch nur Sägespäne und Gewürze in die mumifizierten Körper. Erst ganz zum Schluss wurden dann mit Hilfe von Metallhaken die Gehirne der Toten entfernt, und zwar durch die Nase.

Die Praxis, durch die Nase ins Gehirn vorzudringen, um damit irgendwelche Schäden zu »reparieren«, war im Mittelalter auch schon in Europa bekannt. Allerdings war man damals in der Volksmedizin der irrigen Ansicht, dass Krankheiten stets durch unterschiedliche Arten von Würmern hervorgerufen würden. Jeder Krankheit war eine spezielle Wurmart zugeordnet. Es gab zum Beispiel den Herzwurm, den Zahnwurm und natürlich auch den Magenwurm. Um den jeweiligen Wurm zu vertreiben, musste man unbedingt den entsprechenden Wurmsegen kennen und anwenden, damit die betreffenden Krankheitsdämonen aus dem Körper entwichen.

Der Aberglaube, dass Krankheiten dadurch ausgelöst wurden, dass irgendwelches Ungeziefer in den Kopf eingedrungen war, war weit verbreitet. Es gehörte zu den am meisten aufsehenerregenden Jahrmarktsritualen der reisenden Quacksalber, dass sie ihre Schmerzpatienten auf die Bühne holten, um an ihnen ihre Heilkunst zu demonstrieren. Mit viel Hokuspokus wurde den Zuschauern erklärt, dass Würmer im Kopf des Patienten die Ursache für sein Leiden wären und dass man sie deshalb unbedingt herausholen müsse. Mit einem speziellen Instrument stocherte der Medikus dann in der Nase herum und präsentierte voller Stolz einen möglichst imposanten Wurm. Den hatte er natürlich zuvor in der Hand oder im Ärmel versteckt. Das alles wirkte sehr dramatisch und offenbar auch sehr überzeugend. Bis schließlich festgestellt wurde, dass die Therapie keineswegs geholfen hatte, war der Quacksalber meistens schon längst in weiter Ferne.

Heute glaubt niemand mehr an irgendwelche schmerzverursachenden Wurmparasiten im Kopf. Dennoch sind Würmer auch weiterhin von Interesse. Aber die müssen nun eher denjenigen aus der Nase gezogen werden, die von sich aus nichts über sich selbst erzählen wollen und sich auch bei anderen Themen eher bedeckt halten. In gewisser Weise wird also die Praxis der mittelalterlichen Quacksalber auch heute noch fortgeführt: Wenn man versucht, ein bestimmtes Geheimnis aus jemandem herauszubekommen und es einem tatsächlich gelingt, dann sagt man, es sei zwar recht mühsam gewesen, aber schließlich hätte man jemandem doch noch »die Würmer aus der Nase gezogen«.

Jemandem einen
Bären aufbinden

Wenn Jäger damit protzen, wie schlau sie es angestellt haben, ein gefährliches Wildtier erlegt zu haben, und dabei kaum vorstellbare Umstände schildern oder die schier unglaubliche Größe des getöteten Tieres beschreiben, dann sollte man diesen Geschichten meist nur unter Vorbehalt Glauben schenken. Schon Reichskanzler Bismarck wusste, dass »nie so viel gelogen wird wie vor der Wahl, während des Krieges und nach der Jagd«. Jägerlatein nennt man die meist aufs Heftigste übertriebenen Aufschneidereien der äußerst erzählfreudigen Waidmänner.

Mit Jägerlatein war zunächst eigentlich nur der Fachjargon der Jäger gemeint, später jedoch bekam das Jägerlatein mit einem Mal negative Nebeneffekte. »Latein reden« bedeutete jetzt auch, umständlich erzählen, Ungewöhnliches zu Abenteuerlichem hochstilisieren, und manchmal entpuppten sich die Übertreibungen auch als schiere Unwahrheiten. Als besonders tolle Jagdgeschichten galten Erzählungen über Erlebnisse mit gefährlichen Bären. Einen Bären zu fesseln galt als unmöglich, und wem es gelang, ein paar Leichtgläubige dennoch von einer solchen Heldentat zu überzeugen, der hatte, rein bildlich gesehen, seinen Zuhörern »einen Bären aufgebunden«.

Eine solche Bezeichnung findet sich sowohl in der mittelalterlichen als auch in der barocken Literatur. Es könnte sich dabei jedoch um eine Vermischung mit einer anderen »bärenstarken« Angelegenheit handeln, die das Anbinden der Bären betrifft. Der Begriff Bär ist nämlich verwandt mit dem Ausdruck bar, was so viel wie Last oder Abgabe bedeutet. Wenn jemand seine Zeche nicht bezahlen konnte, so sagte man, er hätte im Wirtshaus »einen Bären angebunden«, also beim Wirt Schulden gemacht. »Jemandem etwas aufgebunden haben«, bedeutete aber andererseits, dass man jemanden belogen hatte. Beides miteinander vermischt, ergab dann die Kombination: »Jemandem einen Bären aufbinden.«

Allerdings ist nicht endgültig geklärt, ob diese Redewendung tatsächlich etwas mit der Jägersprache zu tun hat. Auch eine literarische Herkunft wäre möglich. Sie steht im Zusammenhang mit dem österreichischen Dichter Ignaz Castelli. Dieser urtypische Wiener wohnte um das Jahr 1830 in der sogenannten Bärenmühle auf der Wieden. Dort verfasste er seine *Wiener Bären,* eine Anekdotensammlung ähnlich den Geschichten des Barons von Münchhausen, also lauter kaum zu glaubende Lügengeschichten. Die Sammlung war seinerzeit sehr beliebt, und neben anderen Kuriositäten wurde auch die darin vorkommende Redensart »Jemandem einen Bären aufbinden« zu einem bald überall benutzten Slogan dafür, dass man jemanden »an der Nase herumgeführt hatte«.

Jemandem einen
Bärendienst erweisen

Im antiken Rom hatten sich die Priester um die unterschiedlichsten Gottheiten zu kümmern. Der Priester der Flora betreute die Göttin der Blumen und des Frühlings, und der Priester der Pamona beaufsichtigte die öffentlichen Rituale an den heiligen Tagen der Fruchtbarkeitsgöttin. Manchmal hatten Priester aber auch eine Doppelfunktion, und von einem solchen berichtet die Fabel *Der Bär und der Gartenfreund* von Jean de La Fontaine. Erzählt wird, dass dieser Priester zwar die Natur liebte, aber des Alleinseins müde war. Und deswegen verließ er seine Einsiedelei, um sich Gesellschaft zu suchen. Gleichzeitig hatte sich auch ein einsamer Höhlenbär auf den Weg gemacht, um einen Gesprächspartner zu finden. Als sich die beiden begegneten, erschrak der Einsiedler ganz fürchterlich, denn in aufrechter Haltung waren Höhlenbären mehr als drei Meter groß. Dennoch entwickelte sich aus diesem Treffen eine wunderbare Männerfreundschaft. Der Bär ging auf die Jagd und der Priester kümmerte sich um den Garten. Manchmal machte der Einsiedler am Nachmittag ein Nickerchen, und sein neuer Freund setzte sich zu ihm und verscheuchte mit einem Wedel die lästigen Fliegen. Doch eine dieser Fliegen ließ sich partout nicht vertreiben. Mal setzte sie sich auf die Hand, mal auf ein Ohr des Schläfers, und schließlich landete sie gar auf dessen Nasenspitze. Ärgerlich griff der Bär zu einem Pflasterstein und schleuderte ihn mit voller Wucht in Richtung der Fliege. Es war ein Volltreffer: Die Fliege lag tot am Boden. Doch der Stein hatte logischerweise nicht nur die Fliege getroffen, sondern auch den Schädel des Einsiedlers zerschmettert. La Fontaine beendet seine Geschichte mit dem Satz: »Gefährlich ist ein dummer Freund; besser schon ein weiser Feind.«

Obwohl es nur eine Fabel ist, hat die traurige Geschichte die Menschen so tief beeindruckt, dass das verhängnisvolle Missgeschick des Bären, der es ja nur gut gemeint hatte, noch heute in einer Redewendung auftaucht. Immer wenn wir ausdrücken wollen, dass jemand das Beste für einen anderen wollte, aber mit seinen Anstrengungen genau das Gegenteil, nämlich das Allerschlimmste heraufbeschworen hat, heißt es: »Er hat ihm einen Bärendienst erwiesen.«

Jemanden zum
Sündenbock machen

In einem Bericht des Japaners Shintô Myômoku aus dem Jahr 1699 wird ein sehr seltsames Opferritual beschrieben, das damals angeblich Jahr für Jahr in der Provinz Owari stattfand. Jeweils am 11. Januar zogen besonders ausgewählte Priester mit Fahnen und großem Gefolge über Land. Sie führten dem ersten Reisenden, der ihnen begegnete, eine ziemlich gespenstische Variante ihrer Gastfreundschaft vor. Nach einer genau festgelegten Zeremonie wurde der Reisende gefangen genommen, einer rituellen Reinigung unterzogen, in weiße Kleider gehüllt und schließlich auf einen Altar gezerrt. Seitlich von ihm deponierte man eine Art Hackblock – den Manaita – und ein Schlachtmesser, das Hocho. Eine ganze Nacht lang musste der Gefangenen neben dieser mörderischen Installation liegen bleiben. Am nächsten Morgen band man ihm – als sichtbares Zeichen seiner Sünden – einen Opferkuchen aus Lehm und eine Schnur mit Kupfermünzen auf den Rücken. Dann jagte man ihn aus dem Tempel, wobei er so lange verfolgt wurde, bis er vor Erschöpfung zusammenbrach. An der Stelle, an der er zu Boden fiel, wurde dann der Lehmkuchen vergraben – und mit ihm auch die Sünden des Gefangenen. Was dann weiter mit ihm geschah, ist nicht überliefert. Alles in allem handelte es sich um ein äußerst merkwürdiges Verhalten gegenüber einem Fremden.

Doch auch im antiken Griechenland gab es Rituale dieser Art. So wurde beispielsweise zu bestimmten Zeiten einem auf frischer Tat ertappten Missetäter – stellvertretend für alle Schuldigen – eine aus Feigen bestehende Halskette umgehängt, woraufhin man ihn unter Hohn und Spott der Bevölkerung durch die Straßen trieb. Anschließend wurde er gesteinigt und vor den Toren der Stadt verbrannt. Durch seinen Tod hatte man vermeintlich auch die Sünden der Allgemeinheit getilgt.

In Tibet wiederum wurde ein Bettler in Tierfelle gehüllt und unter Trompetenschall und Trommelwirbel aus dem Lamatempel gejagt, während Steine und Knüppelhiebe auf ihn niederprasselten, bis er zusammenbrach und leblos liegen blieb. Indem man mit diesem Ritual die Untaten aller Einwohner einem Stellvertreter aufbürdete und ihn auf diese schreckliche Weise dafür büßen ließ, sollte eine kollektive Vergebung der Sünden bewirkt werden.

Der vielleicht älteste Brauch dieser Art ist aus dem 2. Jahrtausend vor Christus belegt. Im Alten Testament werden im Buch Leviticus die Rituale des sogenannten Versöhnungstages beschrieben, den man im Hebräischen als Jom Kippur bezeichnet. Auch hier galt die Vorschrift, dass man den alttestamentarischen Gott mit einem realen Opfer zu besänftigen hatte. Zu diesem Zweck wurden dem Hohepriester zwei Ziegenböcke als Sühneopfer für die Sünden des Volkes übergeben. Der eine wurde auf die übliche Weise geopfert, doch den anderen machte man sozusagen zum Sühneopfer der Allgemeinheit. Man lud ihm symbolisch alle Vergehen des gesamten Volkes auf und jagte ihn anschließend mitsamt seiner virtuellen Schuld in die Wüste – obwohl der arme Ziegenbock überhaupt nichts mit den Sünden der Menschen zu tun hatte!

Auch heute ergeht es – in unserer angeblich so zivilisierten Gesellschaft – noch manchem Unschuldigen ganz ähnlich. Wir suchen uns ebenfalls – wenn etwas drastisch schiefgegangen ist – nur zu gern irgendwen aus, auf den man straflos eindreschen kann. Dadurch wird dann manch einer, der mit einer Sache gar nichts tun hat, aus unausrottbaren Vorurteilen und argwöhnischen Verdächtigungen zum Missetäter gemacht. Oft geschieht dies, um den wahren Täter zu entlasten. Und noch heute heißt es, wenn es eher fraglich ist, ob jemand eine Untat begangen hat oder nicht, man hätte ihn – wie einst den armen Ziegenbock – »zum Sündenbock« gemacht.

Keiner Fliege etwas zuleide tun

Biologen haben vor gar nicht so langer Zeit zu ihrem großen Erstaunen festgestellt, dass sich Fruchtfliegen und Menschen genetisch ziemlich ähnlich sind. Man kann es kaum glauben, denn äußerlich sind die beiden Spezies doch recht deutlich voneinander zu unterscheiden. Zu den Fliegenartigen, so die exakte zoologische Bezeichnung, gehören nicht nur die blutsaugenden Schnaken oder Stechmücken, sondern auch die berüchtigte Gattung Anopheles, bei der es sich um die Überträger von Krankheiten wie Malaria, Gelbfieber und Hirnhautentzündung handelt.

Die genetische Verwandtschaft zwischen Mensch und Fliege wird besonders deutlich bei der lästigen Schmeißfliege. Deren sozusagen böswillig auch als menschliche Variante bezeichnete Abkömmlinge gelten ja bekanntermaßen als hartnäckige Schmarotzer. Dennoch sind Schmeißfliegen als Entsorgungsexperten unersetzlich. Gleichzeitig sind sie aber auch ekelerregend, weil sie sich rücksichtslos, von einem frischen Kuhfladen, einer toten Maus oder einem Misthaufen kommend, beim Frühstück aufs Marmeladenbrot oder im Biergarten auf Weißwurst und Leberkäs setzen. Dazu kommt noch, dass sie äußerst schwer zu vertreiben sind. Vielleicht liegt es daran, dass sie ganz schön clever sind. Obwohl ihr Gehirn nicht größer als ein Stecknadelkopf ist, haben insbesondere Stubenfliegen einen sehr beeindruckenden Fluchtreflex. Mit ihren Facettenaugen haben sie ein Blickfeld von fast 360 Grad, und sie reagieren auf näher kommende Bewegungen blitzschnell mit der Aktivierung eines motorischen Programms und sind daher ständig in Alarmbereitschaft. Ihre sechs Beine und auch ihr Köperschwerpunkt sind stets so ausgerichtet, dass sie sich bei Bedarf auf der Stelle in Fluchtrichtung abstoßen können.

Der Mensch bleibt daher mit seiner Reaktionszeit von bestenfalls einer Viertelsekunde dem in einer Zehntelsekunde reagierenden Insekt hoffungslos unterlegen. Diese Erkenntnis macht die Berühmtheit des tapferen Schneiderleins aus dem Märchen verständlich, dem es gelungen war, »sieben auf einen Streich« zu erledigen. »Weniger ist mehr«, würden wir heute sagen, und uns mit »zwei Fliegen mit einer Klappe« begnügen. Damit sind in diesem Fall allerdings nicht Fliegen gemeint, sondern ein doppelter Zweck, der mit einer einzigen Maßnahme erreicht werden konnte.

Trotz unserer allgemeinen Mordgelüste gegenüber einzelnen Störenfrieden verdienen die Fliegen schon wegen ihrer aerodynamischen Eleganz und der Schönheit ihrer filigranen Flügel sowie der akrobatischen Flugkünste unsere uneingeschränkte Bewunderung. Um wenigstens hin und wieder, trotz ihres antizipierten Fluchtprogramms, eine Fliege zu fangen, muss man sie clever austricksen. Man muss nicht nur ihre Flugrichtung vorhersehen, sondern versuchen, die Fliege unmittelbar nach dem Abflug zu erwischen. Angesichts dieser äußerst kreativ und kunstvoll gestalteten Geschöpfe wäre es durchaus angebracht, einmal über eine altbekannte Redensart nachzudenken: »Er kann keiner Fliege etwas zuleide tun«, soll vielleicht gar nicht auf ein besonders edles Verhalten oder auf den höchst friedliebenden Charakter eines Menschen hinweisen. Sprachhistorisch ist nicht eindeutig, worauf diese Redensart zurückzuführen ist, doch obwohl die Fliege als eins der unbedeutendsten Lebewesen betrachtet wird, könnte es ein kleiner Hinweis darauf sein, dass es einem meistens nicht gelingt, die kluge Fliege auszutricksen, weswegen man ihr auch nichts zuleide tun kann.

Kiebitzen

Der Kiebitz, so lehrt uns das Lexikon, gehört zur Familie der Regenpfeifer, und die hervorstechendste Eigenschaft des etwa 30 Zentimeter großen Vogels ist seine Neugier. Wohl deswegen werden auch Menschen, die bei Brett- und Kartenspielen ihren Mitspielern von hinten neugierig über die Schulter oder auch sonst irgendwie in die Karten schauen, Kiebitze genannt. Das gilt auch für andere Arten von Spielen, nur nicht beim Poker und beim Blackjack. Eigentlich gehen einen ja die Spielzüge der anderen nichts an, und deshalb sind besserwisserische Kommentare von Zuschauern auch äußerst unhöflich und unbeliebt. Logischerweise haben immer die Spieler selbst zu entscheiden, ob ihnen der eine oder andere Zuschauer mal in die Karten schauen darf.

Ein Kartengucker-Kiebitz hat sehr viel mit dem Kiebitzvogel gemeinsam, denn beide lieben das Feuchtbiotop, der Watvogel feuchte Wiesen und der Skatspieler die Kneipe. Beide wollen möglichst nicht ertappt werden und versuchen heimlich und unbemerkt vorzugehen. Der echte Piepmatz hat dabei den Vorteil, durch eine anatomische Besonderheit auch nach rückwärts schauen zu können, ohne den Kopf verdrehen zu müssen. Wenn sich ein Eierräuber von hinten anschleicht und glaubt, er würde nicht bemerkt, dann hat er sich mächtig getäuscht, denn der Kiebitz sieht dem Feind sehr wohl in die »Karten« und fliegt rechtzeitig davon. Die Fähigkeit, sich ohne den Kopf zu verdrehen, sondern nur durch Augenrollen einen 360-Grad-Rundumblick zu verschaffen, liegt an der anatomischen Besonderheit zweier Hohlkehlen in den Schädelknochen der Kiebitzvögel, deren Sichtachse auf den Schwanz gerichtet ist.

Mit derart akrobatischen Fähigkeiten ist der Karten-Kiebitz nicht ausgestattet, und im Gegensatz zu seinem gefiederten Namensgeber ist er ein eher unbeliebter Zeitgenosse. Er steht in dem Ruf, nervtötend und überaus redselig zu sein. Logisch, dass er alles besser weiß als die Spieler; und damit keiner seine Allwissenheit übersieht, begleitet er jeden Handgriff der Spieler mit einem beredten Mienenspiel. Und wenn es ganz schlimm kommt, lässt er sich zu einem Kommentar hinreißen. Mit einem »Kiewitt« warnt der echte Kiebitz seine Artgenossen, doch wenn der Kneipen-Kiebitz warnt, ist das Spiel vorbei und den Spielern die Freude in der Regel vergangen. Den Namen hat der Vogel von seinem typischen Warnruf, »kiewitt« oder »kibit«, doch möglicherweise ist es purer Zufall, dass wir unerbetene Zuschauer ebenfalls als Kiebitz bezeichnen. Der menschliche Kiebitz war ursprünglich tatsächlich jemand, dem manche lieber aus dem Weg gingen, denn so bezeichnete man gewisse Ordnungshüter, die im kriminellen Milieu spionierten – oder wie man damals sagte: »kibitschten«. Das bedeutet so viel wie beobachten und kommt aus dem Rotwelschen, also aus der Geheimsprache des fahrenden Volks und der Gauner.

Schon seit dem Jahr 1855 ist der Begriff Kiebitze beim Schachspiel benutzt worden, und spätestens in der zweiten Hälfte des 19. Jahrhunderts auch beim Kartenspielen gebraucht worden und dann allmählich in unsere Umgangssprache eingegangen, wobei das Kiebitzen beim Kartenspielen recht üblich war, aber nicht unbedingt als Tugend angesehen wurde.

Komischer Kauz

Ihre fast geräuschlose Fortbewegung, die nächtliche Lebensweise, der scharfe Blick, der auch das tiefste Dunkel zu durchdringen vermag, der Körper mit dem überproportional großen Kopf, der sich fast um 360 Grad drehen kann, das alles trägt dazu bei, dass Käuze oft als unheimlich und furchteinflößend angesehen werden. Deshalb ranken sich auch viele abergläubische Geschichten um alle Arten von Eulenvögeln. Schon in der Antike glaubte man, dass Eulen besonders klug und weise sind. Das lag wohl daran, dass sie gemeinsam mit den schlauen Raben zum Umfeld der Pallas Athene, der Göttin der Weisheit, gehörten.

Doch den Menschen des Mittelalters waren besonders die Käuzchen ausgesprochen unheimlich. Das dumpf klingende »Huh-Huuuh« des Männchens hörte sich wie Grabgesang an. Das darauf folgende »Ku-witt Ku-witt« des Weibchens wurde folgerichtig als »Komm mit, komm mit« interpretiert. Wohin man mitkommen sollte, war nicht schwer zu erraten: ins Jenseits! Dabei ließen sich die Vögel eigentlich nur von den Nachtfaltern und Motten anlocken, die nachts das Licht der Kerze umtanzten, die in einem Kranken- oder Sterbezimmer brannte. Das bedeutete reiche Beute und zog die Käuze an. Auf die Menschen aber wirkte es angsteinflößend. Das verstärkte sich noch dadurch, dass die Augen der Käuzchen zu glühen schienen, wenn sie das Kerzenlicht reflektierten und dadurch gespenstisch aufleuchteten. Damit war dann das Gruselszenarium perfekt.

Kein Wunder also, dass der Kauz zum Totenvogel wurde und dieses Image schadete den Käuzen sehr. Um den Tod zu vertreiben, wurden immer mehr Käuze gefangen und zur Abschreckung noch lebend an die Haustüren genagelt. Doch im Laufe der Zeit wurde der Kauz immer seltener als todbringender Vogel verteufelt. Man verlor das Interesse an dem lichtscheuen Vogel, der sich tagsüber den Blicken entzog und nur nachts seine lautlosen Beutezüge machte. Bald galten die Käuzchen einfach als seltsame, ja, sogar als komische Vögel.

Ab dem 16. Jahrhundert hatten sie dann als »komische Käuze« ihre Entsprechung in der Menschenwelt. Die Eigenschaften des echten Kauzes, der sich völlig anders als andere Vögel verhielt, tagsüber nur selten anzutreffen war und oft sehr sonderbar wirkte, wurde mehr und mehr auch auf menschliche Sonderlinge oder menschenscheue Außenseiter übertragen, die man dann als »komische Käuze« bezeichnete.

Im 19. Jahrhundert wandelte sich das Image des Eulenvogels erneut. In seiner mythologischen Urform als Weisheitssymbol schmückte der Kauz jetzt auf einmal die Logos von Verlagen und Universitäten. Der vorerst letzte Höhepunkt dieser Euleneuphorie steht in Zusammenhang mit dem Auftauchen von Harry Potters schlauer Eule Hedwig, wobei festzuhalten ist, dass man im Umfeld dieses Zauberlehrlings noch jede Menge weiterer »komischer Käuze« findet.

Krokodilstränen vergießen

Die meisten Menschen halten Krokodile besonders wegen ihrer über 60 scharfen Zähne für unheimliche und gefährliche Bestien. Die Erfahrung zeigt, dass auch Menschenfleisch auf ihrem Speiseplan stehen kann, und zwar nicht erst an letzter Stelle. Schon im alten Griechenland war bekannt, dass Krokodile Wassertiere sind, die sich hauptsächlich in Flüssen und Seen aufhalten, hin und wieder aber auch Landausflüge machen. Wenn sie dabei dann einen unvorsichtigen Menschen erwischten, dann hätten sie ihn, so heißt es jedenfalls, »von den Füßen an bis zur Wirbelsäule aufgefressen«. Die Köpfe hätten sie allerdings nie angerührt, sondern sich davor hingesetzt und getrauert. So viel Mitgefühl hätte man bei Echsen eigentlich nicht erwartet, doch schon zur Zeit der Antike hieß es, Krokodile würden seltsamerweise den Tod ihrer Opfer stets bitterlich beweinen.

In der naturwissenschaftlichen Enzyklopädie des französischen Mönchs Bartholomäus Angelicus waren im 13. Jahrhundert ebenfalls merkwürdige Details über diese gefährlichen Heulsusen zu lesen. Demnach ging das Krokodilsgeweine oft schon los, bevor das Reptil eine Beute erwischt hatte. Es hieß sogar, es sei eine ganz gemeine List der schlauen Krokodile, vor dem Angriff zu weinen und zu schluchzen wie kleine Kinder. Dadurch hätten sich häufig besonders mitleidige Menschen anlocken lassen und wären dann eine leichte Beute gewesen. Diese Legende soll im Mittelalter zu einer Zeit erzählt worden sein, als in unseren Breiten noch kaum ein Mensch die Gelegenheit gehabt hatte, ein lebendes Krokodil zu Gesicht zu bekommen. Wohl deshalb war die Behauptung, diese Tiere würden tatsächlich den Tod ihrer Opfer beweinen, zunächst kaum widerlegbar.

Doch allmählich schlichen sich Zweifel ein, ob diese Trauer tatsächlich echt oder nur geheuchelt war. Die Vorstellung, dass die als besonders verschlagen geltenden Krokodile echte Tränen der Trauer vergießen würden, war wenig überzeugend. Doch selbst Martin Luther soll an die Krokodilstränen geglaubt haben, auch wenn sie ihm angeblich ziemlich scheinheilig vorgekommen sind. Heute weiß in unserer aufgeklärten Welt fast jeder, dass die Reptilien keineswegs so zartfühlend sind, sich über die unglücklichen Opfer ihrer Fressgier tränenreich zu grämen. Trotzdem läuft ihnen aber manchmal das Wasser aus den Augen, was allerdings weder mit echter, noch mit vorgetäuschter Rührung oder Traurigkeit zu tun hat. Forscher haben vielmehr festgestellt, dass die sogenannten Krokodilstränen in Wirklichkeit aus einem eiweißreichen Sekret bestehen, das aus einer Drüse hinter den dreifach geschichteten Augenlidern der Krokodile austritt. Dieses Sekret ist dazu da, die Augen des Reptils zu reinigen, und hat zu diesem Zweck sogar antibakterielle Wirkung. Dadurch werden die ausgesprochen empfindlichen Krokodilsaugen auch beim Tauchen im aufgewühlten Wasser vor Verschmutzung und Infektionen geschützt.

Darüber hinaus ist bekannt, dass Krokodile trotz ihrer vielen Zähne nicht besonders gut kauen können. Sie sind daher auch nicht in der Lage, größere Brocken von ihrer Beute herunterzubeißen. Daher bleibt ihnen nichts anderes übrig, als ihre Nahrung »am Stück« zu verschlingen. Zu diesem Zweck müssen die Krokodile allerdings in der Lage sein, ihr Maul möglichst weit aufzureißen, und das tun sie ja bekannterma-

ßen auch. Verblüffenderweise hat es die Natur aber so eingerichtet, dass beim Aufreißen des Mauls ein größerer Druck auf
jene Drüse unter dem Augenlid entsteht, wodurch dann die
Augenflüssigkeit automatisch die tief liegenden Augen säu-
bert. Dieses Phänomen ist den Naturforschern schon länger
bekannt und hat möglicherweise dazu geführt, das eine bestimmte Redensart nicht nur im deutschen Sprachgebrauch
vorkommt. Auch im Englischen spricht man von »crocodile
tears«, im Französischen von »larmes de crocodile« und im
Italienischen von »lacrime di coccodrillo« und meint damit
jenes Phänomen der »falschen Tränen«.

Inzwischen gibt es diese falschen Tränen nicht mehr nur bei
Krokodilen. Auch unter uns Menschen werden wahre Sturz-
bäche an Tränen vergossen, wenn wir glauben, besonderes
Mitleid und tiefe Trauer kundtun zu müssen. Manche Menschen versuchen sogar, voller Heuchelei heiße Tränen her-
auszuquetschen, obwohl sie sich insgeheim darüber freuen,
dass jemand anderem ein Ungeschick passiert ist, diese Scha-
denfreude aber nicht zeigen wollen. Und in diesen Fällen hat
man es mit den sprichwörtlich gewordenen Krokodilstränen
zu tun.

Leseratte

Zuerst waren es Spuren, Fährten und Wolken, aus denen man glaubte, die Zukunft deuten zu können. Auch aus der Leber geopferter Tiere wurde gelesen, und schließlich waren es die babylonischen Tontäfelchen, die systematisch mit geheimnisvollen Zeichen bekritzelt wurden, um dadurch den nachkommenden Menschen dauerhaft zu überliefern, was im Laufe der Zeit geschehen war. Doch die Geschichte des Lesens, und vor allem der systematischen Alphabetisierung, war eigentlich alles andere als eine Erfolgsstory. Es musste von Anfang an immer wieder gegen hartnäckige Widerstände der unterschiedlichsten Art gekämpft werden. Als dann etwa ab dem Jahr 1760 moderne Schriften und Bücher zu so etwas wie einem frühen Massenmedium wurden, gab es nicht wenige Stimmen, die Lesen als gefährliche Sucht ansahen und als Quelle des sittlichen Verfalls bezeichneten.

Dennoch gab es immer mehr Menschen, die von einer Art Lesewut gepackt wurden und gierig Wort um Wort und Zeile für Zeile alle Bücher verschlangen, die ihnen in die Hände kamen. Sie wurden daraufhin bald als Bücherwürmer oder, noch drastischer, als Leseratten bezeichnet. In der heutigen Zeit sind viele Eltern froh und glücklich, wenn ihre Kinder überhaupt lesen, und wer eine solche kleine Leseratte im Haus hat, verbreitet diese ungewöhnliche Tatsache mit dem entsprechenden Stolz.

Zwar zählt man ja Ratten zu den intelligenteren Tierarten, aber lesen können sie, soweit man das bisher erforscht hat, keineswegs. Der Begriff Leseratte ist daher schlicht ein Äquivalent zur Landratte. Damit verunglimpfte man seinerzeit die etwas bodenständigeren Menschen im Vergleich mit den Seeleuten. Es ist anzunehmen, dass es sich dabei um den in England üblichen Begriff »landrat«, also Landbewohner, handelte. Die Landratte ist seit Ende des 16. Jahrhunderts durch die Übersetzung von Shakespeares *Kaufmann von Venedig* in Deutschland bekannt, und später folgten ihr die Wasserratte und auch die Leseratte.

Man hat schon Pferde
kotzen sehen

A lles Glück der Erde liegt auf dem Rücken der Pferde«, sagt ein altes Sprichwort. Auch wenn dem nicht jeder zustimmen wird, ist unbestritten, dass die Entwicklungsgeschichte der Menschen eng mit dem Pferd verknüpft ist. Schon bei den Germanen galt es als auserwähltes und sogar heiliges Tier: Odin, der oberste der nordischen Götter, galoppierte täglich auf seinem Ross namens Sleipnir über den Morgenhimmel, um die Welt zu erkunden. Odins Pferd hatte acht Beine und weidet wohl inzwischen schon lange auf einem Gnadenhof in Walhalla.

Der jahrhundertelange Umgang mit Pferden hat bei uns auch sprachlich deutliche Spuren hinterlassen: Wir reden vom »besten Pferd im Stall«, gehen »mit dem besten Freund Pferde stehlen«, »sitzen fest im Sattel«, und zwar »hoch zu Ross«. Wir sind auch »gut beschlagen«, »haben die Zügel in der Hand«, und mit einem Freund müssen wir bisweilen reden »wie mit einem kranken Pferd«.

Tatsächlich können einem kranke Pferde große Sorgen machen, vor allem, wenn sie Koliken haben. Falls Pferde etwas gefressen haben, was ihnen nicht bekommt, gibt es meist große Schwierigkeiten. Ihnen fehlen nämlich Muskeln, die das Gefressene im Bedarfsfall wieder aus dem Körper entfernen könnten. Erschwerend kommt hinzu, dass zwischen dem Pferdemagen und der Speiseröhre ein sehr kräftiger Schließmuskel sitzt, der verhindert, dass der Speisebrei an dieser Stelle wieder zurückfließt. Weil der Magen des Pferdes zudem noch ein eingeschränktes Fassungsvermögen hat, kann es leicht passieren, dass nicht alles, was gefressen worden ist, in angemessener Zeit den sehr langen Verdauungstrakt passiert.

Sollte sich das Futter noch zwischen Maul und Magen in der Speiseröhre befinden, kann es durch ein »Pferde-Bäuerchen« gelingen, dass kleine Mengen des Gefressenen wieder rausgewürgt werden. Allerdings handelt es sich dabei – anatomisch gesehen – nicht um Kotzen und damit steht fest, Pferde sind nicht in der Lage, sich zu übergeben.

Wer also behauptet, dass ein Pferd kotzen musste, hält Unmögliches für möglich. »Man hat schon Pferde kotzen sehen«, ist eine Metapher dafür, dass auch das Abwegigste möglich sein könnte und man auf alles vorbereitet sein sollte.

Maulaffen feilhalten

Es gibt Schmalnasenaffen und Breitnasenaffen, aber auch Berberaffen und Langarmaffen. Was es aber in der Tierwelt nicht gibt, sind Maulaffen. Trotzdem kennt man sie, und zwar schon seit dem 15. Jahrhundert. Allerdings handelt es sich dabei keineswegs um lebende Tiere der Gattung Affen, sondern es hat etwas mit einer Haltevorrichtung aus Ton zu tun. Diese hatte einst dazu gedient, aus einem brennenden Kienspan eine Art Lampe zu machen. Von der frühen Steinzeit an bis ins 19. Jahrhundert war dies eine in aller Welt verbreitete Nachtbeleuchtung. Als gestalterische Möglichkeit für die tönernen Halter hatte sich die Kopfform durchgesetzt, bei der das offene Maul dazu diente, den brennenden Ast oder Kienspan zu halten.

Ob diese Halterungen zuerst in Deutschlands Norden ihr typisches Aussehen bekamen, ist nicht bekannt. Sicher ist aber, dass ein offenes Maul im Niederdeutschen als »aapen mul« bezeichnet wird, wobei »aapen« in diesem Fall nichts anderes als »offen« bedeutet, was aber bald schon mit »Affen« in Verbindung gebracht wird. In *Grimms Wörterbuch* wird dem wortgewaltigen Martin Luther unterstellt, dass er es war, der den Begriff für die traditionelle Halterung von Lichtern auf den Menschen übertrug und so die »Maulaffen« kreierte. Möglicherweise hat den Reformator tatsächlich das unentwegt offen stehende Maul seines Kienspan- oder Kerzenhalters inspiriert. Und schließlich wurde es irgendwann auch auf alle Menschen bezogen, die vor lauter Staunen und

Gaffen vergessen haben, den Mund wieder zu schließen. Heute ist die Bezeichnung »Maulaffen feilhalten« ziemlich veraltet, obwohl es selbstverständlich immer noch tatenlose Gaffer gibt, die vor lauter Staunen den Mund scheinbar nicht zukriegen.

Mein lieber Schwan

Nomen est omen, sagten sich wahrscheinlich die alten Ritter und schmückten ihre im 12. Jahrhundert erbaute Burg Schwanstein verschwenderisch mit den edlen weißen Vögeln. Bis ins 16. Jahrhundert war die Burg ein Zentrum der Minnesänger und ein Treffpunkt aller Gebildeten und Mächtigen dieser Gegend. 1809 wurde sie zerstört und 1833 von Kronprinz Maximilian von Bayern als Sommerresidenz Schloss Hohenschwangau neu errichtet. Im sogenannten Schwanenrittersaal sind noch heute die Wandgemälde nach Entwürfen Moritz von Schwinds mit den Szenen aus der nordischen Mythenwelt zu besichtigen.

Die bekannteste Version des Schwanenmythos erzählt Wolfram von Eschenbach im Anhang seiner Parzival-Dichtung: Der Schwanenritter Lohengrin erscheint in einem von einem Schwan gezogenen Kahn am Ufer der Schelde. Es gelingt ihm, die Fürstentochter Elsa vom Verdacht des Brudermords zu befreien und sie zu heiraten. Dennoch muss er sie bald wieder verlassen, weil sie ihn schließlich – verbotenerweise – doch noch nach seiner Herkunft fragt. Lohengrin war ein Ritter des Heiligen Grals, und um bei den Menschen leben zu können, mussten Gralsritter ihre Herkunft verschweigen. Kurfürst Friedrich II. von Brandenburg soll schon im Jahr 1440, in Anknüpfung an diese Sage, den Schwanenritterorden, einen sogenannten Freundschafts- und Tugendbund, gegründet haben, dem Adelige beiderlei Geschlechts angehören durften. In der Stiftungsurkunde wurde festgelegt, dass die Mitglieder sich stets um einen vorbildlichen Lebenswandel bemühen mussten.

Jahrhunderte später bemächtigte sich Richard Wagner des Schwanenritters, und seit der Uraufführung im Jahr 1850 lauschen Opernfans in aller Welt immer wieder dem Musikdrama *Lohengrin*. Kein Auge bleibt trocken, wenn Elsa die verbotene Herkunftsfrage stellt und Lohengrin dann für immer Abschied nehmen muss. Pünktlich zur Stelle muss in diesem Moment stets ein weißer Schwan mit seinem Boot sein. Doch während des dramatischen Abschiednehmens geschieht Erstaunliches: Der Schwan verwandelt sich in Elsas tot geglaubten Bruder. Die Verblüffung über die Verwandlung ist bis heute ein Höhepunkt des Ganzen, auch wenn Lohengrin trotz seiner Grußworte »Nun sei bedankt, mein lieber Schwan!« erstaunlich wenig Überraschung zeigt. Und so verleihen heute nicht nur Wagner-Fans ihrer Überraschung Ausdruck, wenn etwas fast Unglaubliches geschieht, indem sie sagen: »Mein lieber Schwan!«

Mein Name ist Hase

Wir kennen seine Lebensumstände nicht wirklich, dennoch verdanken wir einem Studenten aus der Mitte des 19. Jahrhunderts eine sehr originelle Redewendung, die auch heute noch gebräuchlich ist. Der junge Mann stammte mit Sicherheit aus guter Familie und war wohl noch recht jung, als er in Heidelberg sein Studium begann. Es war damals so üblich, dass die jungen Heißsporne schon wegen der kleinsten Beleidigung Satisfaktion forderten, das heißt, dass sie sich duellieren wollten. So handelt es sich denn auch bei der einzigen Episode seines Studentenlebens, die glaubwürdig überliefert ist, um ein Duell, das im Jahr 1854 stattgefunden hat.

Meist wurden derartige Zweikämpfe wegen irgendwelcher Frauengeschichten oder aus verletzter Ehre eines der beiden Kontrahenten ausgetragen. Weil solche Duelle zwar üblich, aber dennoch verboten waren, fanden sie meist im Morgengrauen und an einem verschwiegenen Ort statt. Unter der Kontrolle zweier Sekundanten und eines Schiedsrichters stellten sich die beiden Gegner Rücken an Rücken auf, schritten die vorgeschriebene Entfernung ab und drehten sich dann auf Ansage schlagartig zueinander um und schossen – in diesem Fall mit tödlichem Ausgang für den Gegner unseres Studenten. Damit hatte dieser sich nun tatsächlich ein großes Problem eingehandelt. Es blieb ihm kaum etwas anderes übrig, als ins benachbarte Frankreich zu fliehen und sich freiwillig in der Fremdenlegion zu melden. Da aber das Großherzogtum Baden erst wenige Jahre zuvor von einer Revolution erschüttert worden war, beobachteten die dortigen Behörden zu der Zeit jede Bewegung ihrer Bürger äußerst skeptisch. Ein Grenzübertritt ohne gültige Ausweispapiere war schier unmöglich. Der Student hatte aber keinen Pass und bat daher seinen Kommilitonen Viktor um Hilfe.

Viktor studierte seit einigen Semestern Jura. Als Mitglied der Deutschen Burschenschaft war er eigentlich ein Verfechter eines freiheitlichen deutschen Nationalstaats. Aber die Bespitzelungen und Repressalien, die er in der Zeit seines Studiums in Heidelberg miterlebte, hatten alle freiheitlichen Träume in weite Ferne rücken lassen. Viktor hielt daher nicht viel von der Obrigkeit, weshalb er ohne zu zögern seinem Kommilitonen den Studentenausweis übergab. Zwar war beiden klar, dass sie damit die bestehenden Gesetze brachen, doch mit einem kleinen Trick glaubten die beiden, den Behörden ein Schnippchen schlagen zu können, da ein Abhandenkommen des Ausweises nicht unter Strafe stand. Deshalb »verlor« Viktor einfach seinen Ausweis, der Kommilitone »fand« ihn und überquerte mit den falschen Papieren unbehelligt die Grenze. Die Kontrollbeamten schöpften keinerlei Verdacht, denn Name und Alter schienen glaubwürdig und ein Passfoto gab es ja damals noch nicht. In Frankreich angekommen, warf der flüchtige Student das Dokument dann einfach weg.

Es dauerte aber nicht lange, bis jemand den Ausweis fand und der französischen Polizei übergab. Der Fund kam den Behörden höchst verdächtig vor. Aus Furcht vor revolutionären Umtrieben wandten sich nun die Franzosen an die badischen Kollegen. Dies hatte zur Folge, dass Viktor vor Gericht erscheinen musste. Als der Richter eine Erklärung zum Sachverhalt verlangte, antwortete Viktor stets nur mit einem einzigen Satz: »Mein Name ist Hase, ich verneine die Generalfragen, ich weiß von nichts.« Und das war die reine Wahrheit, denn Viktors Nachname war tatsächlich Hase. Es gab ihn also wirklich, den Herrn Hase, auch wenn der nur angeblich von nichts wusste.

Der Ausspruch klang derart provozierend originell, dass er sich schnell in Studentenkreisen herumsprach. Schon bald erinnerte sich keiner mehr an den ursprünglichen Zusammenhang, aber der legendäre Satz: »Mein Name ist Hase, ich weiß von nichts«, wurde schnell zu einer alltäglichen Redewendung, die noch heute benutzt wird, wenn man ausdrücken will, dass man an einer Sache ganz und gar unbeteiligt ist. Für Viktor Hase hatte die Angelegenheit keine Folgen, er machte sein Examen und arbeitete später am Gericht von Eisenach.

Mühsam ernährt sich
das Eichhörnchen

Sie sind sehr putzig, flink und eher scheu, wagen es aber doch manchmal, den schützenden Wald zu verlassen. Daher kann man sie heutzutage immer häufiger in Parks und Gärten beobachten. Sie haben sicher bald gemerkt, dass sie nicht zu den bevorzugten Speisen der Mitteleuropäer gehören, dass auch ihre Pelze eher unpopulär sind und dass das Stadtleben ganz angenehm sein kann. Die kleinen rotbraunen bis schwarzen Pelztiere brauchen aber Bäume, denn sie springen gerne von Ast zu Ast. Ihre beliebteste Nahrung sind Samen, aber auch Baumrinde, Nüsse, Beeren und Knospen werden gerne vertilgt. Hin und wieder gönnen sie sich ein paar Insekten, ab und zu – als besondere Leckerbissen – ein paar Vogeleier und manchmal einen Jungvogel.

Die kleinen Tiere sind daher etwa fünf Stunden am Tag mit Knabbern und Suchen beschäftigt. Was sie nicht sofort fressen können, verstecken und verbuddeln sie für schlechte Zeiten. Einen echten Winterschlaf halten sie nicht, sondern lediglich eine sogenannte Winterruhe, aus der sie zwischendurch immer mal wieder erwachen, um wenigstens ab und zu einen kleinen Happen zu sich zu nehmen. Weil sie anscheinend immer nach irgendetwas auf der Suche sind, war man lange Zeit der Meinung, sie wären ausgesprochen vergesslich. Doch inzwischen weiß man, dass bei der Suche nach versteckten Leckereien ihr Gedächtnis überhaupt keine Rolle spielt. Vielmehr können sie ihre vergrabenen Schätze ohne weiteres mit ihrem ausgeprägten Geruchssinn aufspüren. Bis zu 30 Zentimeter tief im Boden vergrabene Nüsse können sie erschnüffeln, doch trotz ihrer exzellenten Spürnase ist die Nahrungssuche für die kleinen Nager im Winter oft sehr mühsam. Sie brauchen eine Menge Geduld und Ausdauer, wenn sie aus der gefrorenen Erde und unter der dicken Schneedecke Nahrung aus den im Herbst angelegten Verstecken buddeln wollen. So ist wohl auch eine Redensart entstanden, die wir immer dann anwenden, wenn es darum geht, mit kleinen Schritten ein bestimmtes Ziel zu erreichen: »Mühsam ernährt sich das Eichhörnchen«, heißt es dann.

Das kleine Tier mit dem buschigen Schwanz ist aber auch ein Beispiel dafür, dass sich nicht immer alles da findet, wo man es vermutet, und dass nicht alles immer nach festen Regeln verläuft. Genau das wollen wir ausdrücken, wenn wir eine eher merkwürdig klingende Warnung aussprechen, die ebenfalls etwas mit dem putzigen kleinen Nager zu tun hat. Wenn man nämlich jemanden darauf hinweisen möchte, dass er nicht allzu gutgläubig und unvorsichtig mit einer Sache umgehen soll, dann benutzen wir eine Redensart, die uns deutlich vor bösen Überraschungen zu warnen versucht. Demnach sollte man sich lieber nicht zu naiv und gutgläubig darauf verlassen, dass sich alles immer nur von seiner besten Seite zeigt und so harmlos ist wie das kleine Eichhörnchen mit seinem rötlichen Fell und seiner blitzschnellen Gewandtheit, denn in dessen Gestalt verbirgt sich nach altem Volksglauben der Teufel. Auf nichts anderes beziehen wir uns, wenn wir sagen: »Pass bloß auf – der Teufel ist ein Eichhörnchen.«

Nestbeschmutzer

Das Nest ist ein heimeliger Ort, an dem sich Vögel, kleine Säugetiere und im übertragenen Sinne auch Menschen recht gern niederlassen. Zum einen ist es die Brutstätte der Vögel, aber auch lebend geborene Jungtiere werden in Nestern großgezogen und verbringen darin ihre Kindheit. Schützende Nester, die in Bäumen, Hecken oder im Sand versteckt sind, sind oft die Grundbedingung für die Aufzucht der Jungen, die sich darin meist sicher und geborgen fühlen. Das Nest ist warm und gemütlich, und nicht nur Vogelkinder bleiben gern mal etwas länger darin hocken. Die Eltern sind natürlich nicht unbedingt begeistert über einen erwachsenen Nesthocker, der sich über die Zeit durchfüttern lässt. Kein Wunder also, dass weder Tiere noch Menschen die sprichwörtliche Nestwärme vor der Zeit aufgeben.

Es soll aber auch vorkommen, dass diese behagliche Heimstatt immer mal wieder von dem einen oder anderen ziemlich verunreinigt wird. Schon seit der Antike gilt der Wiedehopf, ein eher seltener Vogel, als so ein Schmutzfink, der den Kot seiner Jungen nicht aus dem Nest befördert. So schreibt ein mittelalterlicher Dichter sinngemäß, wer sein eigenes Nest beschmutze, gleiche dem Wiedehopf, und müsse darin leben. In einem alten Ratgeber wird empört auf die Eigenart des Wiedehopfs hingewiesen, sein eigenes Nest zu beschmutzen. Und es wird auch behauptet, dass der Wiedehopf nicht nur sein eigenes Nest beschmutzt, aber diese Behauptung ist nicht wirklich bewiesen. Somit könnte man ihn als Ursache ansehen für einen Begriff, der heute meist nur noch auf Menschen angewandt wird. Allerdings geht es dabei weniger um hygienische Unzulänglichkeiten. Wenn nämlich einem Menschen nachgesagt wird, dass er ein Nestbeschmutzer sei, dann meint man damit vor allem, dass er durch sein unsolidarisches Verhalten, durch Verleumdung oder Herabsetzung die eigene Familie, die Firma oder sonst eine Gruppe, der er zugehörig ist, in Misskredit bringt. Und zwar meistens, um sich anderswo anzubiedern, wo ohnehin Vorurteile gegen die betreffenden, weltanschaulich oder religiös anders Ausgerichteten bestehen.

Nesthäkchen

Sogenannte Nesthäkchen sind angeblich schon seit dem 17. Jahrhundert bekannt. Es handelt sich dabei um die jüngsten, meist etwas verspätet geborenen und daher oft auch etwas verzogenen Nachzügler in einer Familie mit mehreren Kindern. Das »Häkchen« hat aber nichts mit dem Haken zu tun, es ist vielmehr abgeleitet von dem Wort »hocken«. Heute bezeichnet man mit Nesthockern im Allgemeinen junge Erwachsene, die auf die Annehmlichkeiten des »Hotel Mama« nicht verzichten wollen und daher so lange wie möglich zu Hause hocken bleiben.

In der Verhaltensforschung hat diese Bezeichnung jedoch eine etwas andere Bedeutung: Sie wird angewandt auf Jungtiere verschiedener Vogel- und Säugetierarten, die in einem sehr frühen Entwicklungsstadium aus dem Ei »kriechen«, und deshalb auf den besonderen Schutz der Eltern angewiesen sind. Der Gegensatz dazu sind die Nestflüchter, die nur geringe Pflege benötigen und schon bald nach dem Schlüpfen das elterliche Nest verlassen. Aber Nesthäkchen wie Nesthocker sind im Allgemeinen im Vogelnest zu Hause. Vögel legen häufig in täglichem Abstand ihre Eier. Das heißt, wenn das letzte Jungtier geschlüpft ist, ist das erste meist schon ein paar Tage alt. Damit die gesamte Vogelkinderschar das Nest gemeinsam verlassen kann, kümmern sich Vogeleltern wie menschliche Eltern um ihr »Nesthäkchen«, besonders um den Nachzügler. Da kann es passieren, dass die Jüngsten ihre Defizite schnell aufgeholt haben, und – vorausgesetzt es ist genug Futter vorhanden – ihre älteren Geschwister sogar locker überholen. Doch wehe, wenn mal bei schlechtem Wetter nicht genug Futter zu finden ist! Dann spielen sich in manchen Vogelnestern wahre Tragödien ab. Es kommt der Moment, an dem sich die Vogeleltern entscheiden müssen, ob sie entweder alle Jungen durch Unterernährung in Lebensgefahr bringen sollen oder ob sie lieber ein oder zwei Junge sofort von der Fütterung ausschließen. Die Natur hat die Vögel mit einem besonderen Auswahlmechanismus ausgestattet, dessen Regeln wir nicht kennen, durch den aber bei jeder Fütterung erneut entschieden wird, welche Küken nichts abkriegen, wobei es meist die Jüngsten und Kleinsten sind, die zu kurz kommen.

Diese Todeskandidaten bezeichnet die Wissenschaft als Nesthäkchen, auch wenn der Begriff in einem grotesken Gegensatz zu dem nur wohlmeinend erwähnten Nesthäkchen in unserer Alltagssprache steht.

Berühmt wurde das Nesthäkchen allerdings durch eine ganz andere Geschichte. Es war ein Buch der Autorin Else Ury, das in den 1920er Jahren in Millionenauflagen ein kleines Mädchen namens »Nesthäkchen« populär gemacht hat.

Nicht viel Federlesens machen

Viel Federlesen zu machen, bedeutete seit der Mitte des 17. Jahrhunderts, viel Umstände machen und sich um Förmlichkeiten kümmern. Bereits im Mittelalter soll es als Schmeichelei und Kriecherei angesehen worden sein, wenn jemand einer höher gestellten Person oder einem Vorgesetzten mit einer gewissen Unterwürfigkeit den Staub, kleine Federn oder andere Fussel von den kostbaren Gewändern gestrichen hat. Ohne Flusenbürste war es wohl mit unverhältnismäßig hohem Aufwand verbunden, möglichst »wie aus dem Ei gepellt« daherzukommen. Dennoch empfand man die Katzbuckelei und Lieb-Kind-Macherei, also das Federlesen als unangenehm, vor allem, weil es recht aufdringlich wirken konnte und es oft auch stimmte, dass sich jemand durch solche Dienste einzuschmeicheln versuchte. Später kam hinzu, dass übertriebene Pingeligkeiten und Reinhaltung, oder Federlesen an der eigenen Kleidung als unnütz, närrisch und übertrieben angesehen wurden.

Federn lesen steht stets nach dem Rupfen geschlachteter Gänse und Enten auf dem Programm. Daunen und Federn müssen sorgfältig nach ihrer Güte sortiert und getrennt werden, und diese mühselige Arbeit könnte möglicherweise als Federlesen bezeichnet worden sein.

Jedenfalls wird die Redensart heute nur mit negativem Vorzeichen gebraucht, und wer umstandslos und ohne Umschweife sein Ziel ansteuert, von dem heißt es schon manchmal, dass er »nicht viel Federlesens macht«.

Ohrwurm

Schon in der Spätantike wurde die *Forficula auricularia,* ein bräunliches Insekt mit fadenförmigen Fühlern, getrocknet und zerstoßen als Heilmittel bei der Erkrankung bestimmter Organe eingesetzt. Später war es der lateinische Name dieses Insekts, der zu ziemlich erstaunlichen Missverständnissen führte, weswegen bald merkwürdige Fehlinterpretationen im Umlauf waren. Schon im 14. Jahrhundert meinte man entdeckt zu haben, dass die *Forficula auricularia* keineswegs nur heilsam war, sondern, im Gegenteil, bestimmte Krankheiten überhaupt erst verursachte, die besonders bei Kindern einen gefährlichen Verlauf nehmen konnten. In solchen Fällen wurden merkwürdigerweise Mandelöl, Saft der Hauswurz oder zerstoßene Ameiseneier als medizinische Sofortmaßnahmen empfohlen. Der in dieser Hinsicht als Spezialist geltende Italiener Giovanni Arcolano schlug sogar vor, den Kopf einer lebenden oder frisch getöteten Eidechse in unmittelbarer Nähe des Insekts zu platzieren, da es dann nach circa drei Stunden im Maul jener Amphibie verschwinden würde.

Aus heutiger Sicht ist das natürlich alles nur Humbug. Die einst so verdächtige *Forficula auricularia* richtet eigentlich nur in den Gärtnereien irgendwelche Schäden an, weil sie dort einige Blüten, Knospen und Früchte verschiedener Kulturpflanzen anknabbert. An Menschen hat sie jedoch nicht das geringste Interesse, weshalb man diese Tierchen inzwischen auch kaum noch zur Kenntnis nimmt.

Wenn heute irgendwo der Name erwähnt wird, verbinden

wir damit auf Anhieb eine bestimmte Eigenschaft, die man früher jenem Insekt zugeschrieben hat: Es hieß, dass es sich gern an einer bestimmten Stelle des Körpers festsetzte, von wo es nur mit ziemlicher Mühe zu entfernen war. Diese Eigenschaft des Tierchens spielt auch heute noch eine bestimmte Rolle, allerdings in einem ganz anderen und durchaus lustvollen Zusammenhang. Denn egal, ob wir klassische Musik, Rock oder Pop hören, wann immer sich eine Melodie in unserem Kopf sehr eindringlich einschleicht und einnistet, so dass sie uns nicht mehr aus dem Sinn geht, benutzen wir den ins Deutsche übersetzten Namen des Insekts *Forficula auricularia:* »Das ist wirklich ein richtiger Ohrwurm.«

Pechvogel

Auf dem Weg in den Süden war für Amsel, Drossel, Fink und Star nicht selten gleich hinter den Alpen alles zu Ende. Millionen von Zugvögeln wurden – und werden noch heute – im Süden Europas gefangen, gebraten und gegessen. Sie sterben entweder im Schrothagel der Flinten, oder sie verenden elend in Fallen und Netzen oder auf leimgetränkten Zweigen. Die Fangtechniken mit klebenden Materialien stammen noch aus der Zeit des Mittelalters. Damals wurden die Zweige mit Leim oder Pech bestrichen, und man musste nur noch darauf warten, dass sich die übermüdeten Vögel darauf niederließen und dann einfach kleben blieben.

Pech und Leim gehören zu den ersten klebenden Substanzen, die von Menschen benutzt wurden. Das schwarze, zähflüssige Pech gewann man durch Destillation aus harzhaltigen Hölzern, und den Leim stellte man aus den Beeren des Mistelstrauches her, weshalb Misteln in manchen Gegenden noch heute als Krähenschleim bezeichnet werden. Die Fangtechniken, die damit im Mittelalter praktiziert wurden, waren überall sehr ähnlich: In der Nähe der mit klebrigen Substanzen bestrichenen Zweige wurden Käfige mit Lockvögeln aufgestellt, die dann die Zugvögel durch ihr Gezwitscher und Geflatter anlockten. Doch kaum hatten sich die müden Zuwanderer niedergelassen, gab es kein Entkommen mehr: Sie waren den Vogelfängern im wahrsten Sinn des Wortes »auf den Leim gegangen« und hatten quasi »Pech gehabt«.

Aber Pech hatten auch die armen Menschen, die man im

Mittelalter mit heißem Pech übergoss. Die Ritter und Schloss-herren sollen zur Verteidigung ihrer Burgen kübelweise hei-ßes Pech aus den sogenannten Pechnasen über ihre Feinde gekippt haben, auch wenn dies von einigen Historikern ange-zweifelt wird. Denn die Herstellung von Pech sei viel zu auf-wendig gewesen und die zur Verteidigung nötige Menge hätte gar nicht produziert werden können. Doch echtes Pech gab es sicherlich im Märchen von Frau Holle. Die ließ die schwarze, zähe und klebrige Flüssigkeit einst über die faule Stiefschwes-ter der Goldmarie regnen, die so zur Pechmarie wurde. Bis heute bezeichnen wir sowohl Menschen, die ständig Pech, also kein Glück hatten, aber auch die Dummen, die anderen auf den Leim gingen und damit ein schweres Missgeschick erlit-ten wie einst die unglückseligen Zugvögel, als bemitleidens-werte Pechvögel.

Perlen vor die Säue werfen

Es ist wohl kaum vorstellbar, dass ein Bauer jemals auf die Idee käme, sein Borstenvieh mit echten Perlen zu mästen. Das würde natürlich auch keineswegs ihren Hunger stillen. Aber schaden würde es wohl auch nicht, denn ein Schweinemagen verdaut – dem Volksmund nach – so ziemlich alles. In seiner ursprünglichen Bedeutung könnte folgende Spruchweisheit dennoch auf mögliche Gefahren hinweisen: »Neque mittatis margaritas vestras ante porcos!« So lautet eine Aufforderung Jesu aus der Bergpredigt in der *Vulgata*, der lateinischen Version der Heiligen Schrift. Ins Deutsche übersetzt, bedeutet diese Anweisung: »Ihr sollt eure Perlen nicht vor die Säue werfen!«

Da sich der tiefere Sinn dieser Anordnung nicht unbedingt auf den ersten Blick offenbarte, rätselten die meisten Gläubigen lange Zeit, was genau dahinterstecken könnte. Eine frühe Deutung dieser Bibelstelle lautete, man solle die heiligen Evangelien nicht den Heiden verkünden, weil es den Ungläubigen generell an Verständnis dafür mangle, und sie – wegen dieser Unkenntnis – die Existenz Gottes sowieso nicht begreifen und deswegen leugnen würden. Das arme Schwein musste dabei wiederum als Sinnbild alles Niederen und Unwürdigen herhalten, weil es im jüdischen Glauben – und dementsprechend auch für Jesus – als unrein galt und so weithin als Symbol des Heidnischen verachtet wurde.

Perlen aber wurden in der orientalischen Mythologie als Tränen der Götter angesehen, die sich in der Tiefe des Meeres zu Perlen verwandelt hatten. In der jüdischen Tradition galten sie als Symbol der Reinheit, der Schönheit und des Reichtums. Wenn man also von jemandem sagte, er würde seine Perlen vor die Säue werfen, war im übertragenen Sinn gemeint, dass etwas viel zu schade wäre, um vergeudet zu werden. Oft handelte es sich dabei um etwas, das dem einem sehr wichtig und wertvoll war, von anderen jedoch wenig oder gar nicht geschätzt wurde.

Schließlich ergab sich daraus eine noch heute gebräuchliche Redewendung, die gutgläubige, aber auch unbesonnene Menschen davor warnen soll, jemandem Geschenke zu machen, deren Wert dieser gar nicht zu schätzen weiß. Dahinter steckt also die keineswegs unangebrachte Empfehlung: Verschenke nicht das, was dir gefällt, sondern lieber etwas, von dem du weißt, dass es dem anderen Freude macht.

Pferdefuß

Pan, der gehörnte bockbeinige Gott der Hirten und Herden, versetzte schon die alten Griechen in Panik. Er war lüstern und wild, und vor allem kleine hübsche Nymphchen mussten sich vor ihm in Acht nehmen. Für die ersten Christen war ein derart wollüstiges Wesen wohl die Sünde schlechthin, und so entstand in ihrer Fantasie aus dem altgriechischen Hirtengott die christliche Mythengestalt des Teufels: ein Ungeheuer mit Hörnern und Bocksfüßen, wahlweise auch mit Schwanz und schwarzem Fell. Und so passte der für seine Sturheit und Geilheit bekannte Ziegenbock als Abbild des Teuflischen recht gut in das anti-hellenistische, körper- und sexualfeindliche Denkschema des christlichen Mittelalters.

Wie Pan die Nymphen, verführte nun der Teufel die Menschen, um sich ihre Seelen zu sichern. Er machte Angebote, denen man kaum widerstehen konnte, und bot allerlei Annehmlichkeiten, allerdings mit der klitzekleinen Einschränkung, dass ihm nach dem Tod die Seele des Menschen gehören sollte. Wann genau der Teufel sein ursprüngliches Bocksbein abgelegt hat und stattdessen einen Pferdefuß bekam, ist nicht bekannt. Goethes Mephisto ist so ein Verführer mit Pferdefuß, und die Verbindung mit ihm geht zumindest für Gretchen nicht gut aus.

Es heißt, dass der Teufel dampft und stinkt, doch persönlich hat ihn wohl noch niemand zu Gesicht bekommen, nicht einmal seinen Pferdefuß. Auf ähnliche Weise unsichtbar sein können manchmal auch Tücken und Fallen, die in einer an sich guten Sache versteckt sind. Das teuflische Element der Täuschung, der Hinterlist oder des verborgenen Nachteils zeigt sich nicht gleich von Beginn an, aber es kommt schließlich doch zum Vorschein. Und weil man schon seit alters her den Teufel nicht beim Namen nennen sollte, sagen wir, wenn etwas ziemlich erschreckend oder gar anrüchig und nicht ganz offensichtlich ist: »Die Sache hat einen Pferdefuß.«

Pfui Geier

Im Volksmund heißt es, wo Aas zu finden ist, da versammeln sich auch die Geier. Damit soll gesagt werden, dass es Menschen gibt, die sich von Verbrechen, zwielichtigen Verhältnissen, aber auch von Ohnmacht und Hilflosigkeit anderer magisch angezogen fühlen. Mag sein, dass der Geier seinen Namen vor allem seiner Gier verdankt. Dieser Aas- und Leichenfresser hinterlässt nämlich nie auch nur ein Fitzelchen Fleisch, sondern holt noch aus jedem Knochen das letzte Stückchen Mark heraus. Daher gebrauchte man im Althochdeutschen das Wort »gir« nicht nur für die Gier als solche, sondern auch der Name des Geiers ist davon abgeleitet. Doch der Geier ist nicht ganz so gierig, wie es ihm nachgesagt wird. Oft kreist er in großer Höhe stundenlang über einem verdächtigen Objekt, um ganz sicher zu sein, dass das, was da liegt, tatsächlich eine brauchbare Beute ist. Aber auch, wenn dies schon feststeht, stürzt sich der Geier nicht gleich auf das Objekt seiner Begierde, sondern beobachtet es noch eine Weile aus größerer Nähe. Es dauert oft recht lange, bis sich der Geier davon überzeugt hat, dass das Tier wirklich tot ist. Dann erst nähert er sich vorsichtig.

Da Geier weder vor toten Menschen noch vor tierischen Kadavern zurückschrecken, kann man sie als äußerst hilfreiche Müllsammler und Entsorger bezeichnen. Es heißt, dass in früheren Zeiten stets große Scharen dieser Vögel den diversen Trossen der Armeen gefolgt sein sollen. Man unterstellte ihnen wegen ihres merkwürdigen Verhaltens sogar prophetische Fähigkeiten in Bezug auf den Ausgang von Schlachten. Als typischem Aasfresser sind dem Geier allerdings auch alle möglichen ekelerregenden Praktiken angedichtet worden, und sein Name musste für alle Arten von Verwünschungen herhalten.

Es heißt allerdings auch, dass mit Redewendungen wie: »Weiß der Geier«, »Hol dich der Geier« oder »Pfui Geier« meistens eher der Teufel gemeint war. Seit dem 15. Jahrhundert vermied man es, das Wort Teufel auszusprechen. Und da kam der Geier gerade recht. Statt blasphemisch den Teufel zu beschimpfen, verhöhnte man den unbeliebten Aasvogel und sagte: »Pfui Geier!«

Pleitegeier

Wenn der Gerichtsvollzieher ins Haus kommt, muss man entweder zahlen oder sich von liebgewonnenen Dingen trennen. Nachdem der Beamte sein Pfandsiegel auf dieses oder jenes Wertobjekt geklebt hat, darf man es weder verkaufen noch verleihen oder verschenken. Damit hat sich dann sozusagen der Pleitegeier beim Schuldner breitgemacht. Gerichtsvollzieher, Vollstrecker, Exekutoren oder Büttel sind erstmals im 18. Jahrhundert aufgetaucht und haben, wie auch heute noch, gepfändete Gegenstände mit dem Pfandsiegel beklebt. Das preußische Staatssiegel zeigte den ehrenwerten preußischen Reichsadler, der aber im Volksmund schon bald respektlos zum Kuckuck gemacht wurde. Man unterstellte dem Gerichtsvollzieher, dass er sich, wie der Kuckuck in einem fremden Nest, fremdes Eigentum aneignete. Und der Kuckuck war schon in früheren Jahrhunderten aus verschiedenen Gründen als Unglücksbringer angesehen worden.

Heute steht auf dem Aufdruck nur noch »Pfandsiegel«, dann folgen die Adresse des zuständigen Amtsgerichts und der Name des Gerichtsvollziehers. Einen Adler oder Kuckuck wird man nirgendwo mehr entdecken.

Dennoch lässt sich mit ein bisschen gutem Willen ein Zusammenhang herstellen zwischen den Vögeln und den Gerichtsvollziehern, deren Wappentier der Pleitegeier sein könnte. Wo der Pleitegeier kreist, sind finanzielle Schwierigkeiten und die Vollzugsbeamten meist nicht mehr weit. Wen wundert es da noch, dass im Kontext der heutigen

Staatsverschuldung der Bundesadler gern als Pleitegeier karikiert wird.

Allerdings hat der Pleitegeier in seiner häufig auf Karikaturen dargestellten Form mit den aasfressenden Geiervögeln im ornithologischen Sinn überhaupt nichts zu tun. Vielmehr ist der »Geier« im »Pleitegeier« aus dem Jiddischen zugewandert und bedeutet so viel wie »gehen«. Die Pleite hat ihren Ursprung in dem hebräischen Wort »peletah«, was Flucht bedeutet. Der Pleitegeier ist also eigentlich ein flüchtendes Wesen, das sich seiner Festnahme und der darauf folgenden Unterbringung im Schuldturm zu entziehen versucht. Ursprünglich gab es folglich nur den Pleitegeher, also jemand der pleite ging. Erst später erfolgte der Rückgriff auf das jiddische Wort »geier« und damit die Vorstellung von einem Vogel, dem berühmt-berüchtigten Pleitegeier.

Pudelnass sein

Ursprünglich wurden Pudel als Jagdhunde gehalten, die auf die Wasserjagd spezialisiert waren. Das bedeutete, dass sie häufig ins Wasser springen mussten, um das erlegte Jagdgut zu apportieren. Die Pudel kamen dann pitschnass aus dem Wasser und schüttelten sich ausgiebig das Wasser aus dem stark gekräuselten Fell. Bald jedoch wurde das Fell der Pudel aus modischen Gründen einer kosmetischen Korrektur unterworfen. Dabei wurde, um Lunge und Herz bei der Arbeit im kalten Wasser zu schützen, das Fell vor allem auf der Rückenmitte möglichst kurz geschoren. Die verschiedenen Formen der Pudelfrisur bescherte dieser Hunderasse im Laufe der Geschichte ein variationsreiches Aussehen. Im Dritten Reich sollen ungeschorene Pudel gar als undeutsch gegolten haben, weshalb sogenannte naturbelassene Tiere vom Reichsministerium weder Papiere noch Fleischmarken bekamen. Auch heute werden ungeschorene Pudel bei Hundeausstellungen manchmal von den Prämierungen ausgeschlossen.

Wenn es allerdings heißt, jemand hätte einen »Pudel gemacht«, dann bezieht sich das aufs Kegeln und besagt, dass einem ein Fehlwurf unterlaufen war. Mit Wasser hat der Name »Pudel« aber auch zu tun, denn er leitet sich vom niederdeutschen »puddeln« ab und bedeutet so viel wie Wasserplanschen, also bezieht sich die Namensgebung auf seinen ursprünglichen Einsatz bei der Jagd im Wasser. Wer aber wie ein »begossener Pudel« dasteht oder sich davonschleicht, ist eher beschämt und kleinlaut, auf keinen Fall ist er jedoch »pudelnass«.

Rabenmutter

Wenn man einen Menschen mit einem Vogel vergleicht, ist das oft nicht gerade als Kompliment gemeint. Besonders negativ sind die Vergleiche mit Raben. Denn den Rabenvögeln werden meist nur Eigenschaften zugeschrieben, die bei Menschen als Unarten oder Niederträchtigkeiten angesehen werden. Merkwürdigerweise gehört der Rabe zur Unterordnung der Singvögel, obwohl seine Rufe alles andere als melodisch klingen. Sie hören sich eher heiser und unheimlich an. Schon der Name des schwarzen Vogels ist eine lautmalerische Anspielung auf die rauen und krächzenden Töne, die er von sich gibt. Es heißt, dass es rund hundert verschiedene Arten von Rabenvögeln gibt, darunter die bei uns heimische Kolkraben, die gefräßigen Saatkrähen und die als Galgenvögel berüchtigten Aaskrähen. Letztere kamen den Menschen besonders verdächtig vor, weil sie von Aas lebten und sich früher gerne an Richtstätten und Galgen herumtrieben, was als gruselig und abstoßend angesehen wurde.

Was die Aufzucht ihrer Jungen anbetrifft, so unterstellt man den Raben ein liebloses, zuweilen auch brutales Verhalten. Lange Zeit hieß es sogar, Raben würden einen Teil ihrer Nachkommenschaft einfach aus dem Nest werfen, wenn sie nicht genug Futter herbeischaffen könnten. Besonders von den Weibchen wurde behauptet, sie wären außergewöhnlich egoistische Einzelgänger. Anstatt sich aufopferungsvoll um ihre Jungen zu kümmern, würden sie sich sonst wo rumtreiben.

Schon das *Buch der Natur* aus dem Jahr 1350 von Konrad

von Megenberg weist darauf hin, dass Rabenvögel ihre Jungen einfach aus dem Nest vertreiben, wenn sie ihrer überdrüssig sind. Man war wohl der Ansicht, dass junge Raben ziemlich arm dran waren, weil ihre Eltern offenbar wenig Interesse an ihnen hatten. Selbst Martin Luther schloss sich dieser Auffassung an, und schon im 16. Jahrhundert kam ein ausgesprochen negativ gemeinter Begriff in Umlauf, der später sogar in Erziehungsratgebern zu finden war. Wenn sich nämlich Vater und/oder Mutter wenig oder überhaupt nicht um ihre Kinder kümmerten, besonders lieblos mit ihnen umgingen und sie deutlich vernachlässigten, dann wurden sie als Rabeneltern bezeichnet.

Dabei sieht das Familienleben der Raben ganz anders aus. Kolkraben zum Beispiel, die im Übrigen lebenslang andauernde Partnerschaften eingehen, kümmern sich geradezu aufopfernd um ihre Jungen. Die Mutter bleibt in den ersten beiden Lebenswochen ununterbrochen bei den Kleinen im Nest, während der Vater unermüdlich Futter für den Nachwuchs und auch für die Mutter heranschafft. Wenn die Rabenkinder etwas größer sind, beteiligt sich auch das Weibchen aufopfernd an der Nahrungsbeschaffung. Die Brutpflege dieser Rabeneltern ist so stark ausgeprägt, dass selbst aus dem Nest gefallene Jungvögel am Boden bewacht, weiterhin gefüttert und wenn notwendig gegen Angreifer aller Art verteidigt werden. Bei großer Hitze bringen die Eltern in ihrem Kehlsack sogar frisches Wasser für die Kolkrabenjungen herbei. Oder das Weibchen fliegt an ein Gewässer und erfrischt anschließend die Nestjungen mit ihrem nassen Bauchgefieder. Bei den in größeren Kolonien brütenden Saatkrähen ist es zwar einerseits üblich, dass alle Nistplatzkonkurrenten vertrieben werden, aber fremde Jungvögel dürfen sich unbehelligt in der gesamten Kolonie bewegen. Wird eine brütende Aaskrähe zur

Witwe, versucht sie auf alle Fälle, auch als Alleinerziehende den Nachwuchs aufzuziehen. Es scheint also eher ein Missverständnis zu sein, dass bei uns Begriffe wie Rabenmutter und Rabeneltern, womit ja explizit schlechte Mütter und Väter gemeint sind, nach wie vor gebräuchlich sind. Man könnte da eigentlich von absolut unangebrachten Vorurteilen sprechen. In Deutschland reicht das negative Spektrum bei der Beurteilung von Müttern oder Eltern von der gluckenden Übermutter bis zu den Rabeneltern – übrigens eine diffamierende Bezeichnung, die es in keiner anderen Sprache gibt.

Schmetterlinge im
Bauch haben

In der Antike wurde der Schmetterling als Abbild der Seele angesehen, also als der Teil von uns, der unsterblich ist. Wie die Raupe sich zur Puppe wandelt und aus dieser ein Falter wird, so verlässt auch die Seele den toten Körper und fliegt davon. Die Seele wird im Griechischen auch Psyche genannt, und um ihre Lebendigkeit zu zeigen, wurde sie als ein zartes Wesen mit Schmetterlingsflügeln dargestellt. In der Götterwelt soll sie angeblich einige Turbulenzen hervorgerufen haben. Als Erstes betörte Psyche mit ihrer überirdischen Schönheit den Liebesgott Eros. Das aber machte Aphrodite rasend eifersüchtig, da sie doch bis dahin als die Schönste der Schönen galt. Daraufhin kam es im Olymp zu erheblichem Chaos und auch auf der Erde gab es einiges an Durcheinander. Aber dann wurden Psyche und Eros schließlich doch ein Paar, und seither gehören die Seele und die Liebe für immer und ewig zusammen.

Ob nun Eros, beziehungsweise Amor, wie der Gott der Liebe in der römischen Mythologie heißt, beim Anblick von Psyche ein sanftes Flattern in der Magengegend spürte, ist nicht überliefert. Dieses merkwürdige Kribbeln in der Magengegend wird von vielen Frischverliebten als »Schmetterlinge im Bauch« beschrieben, und der Ausdruck trifft dieses Gefühl ziemlich genau. Doch die Herkunft dieser Redensart hat weder mit Griechenland noch mit dem alten Rom zu tun. Die erste bekannte Erwähnung des Phänomens stammt vielmehr aus dem Jahr 1908 aus Amerika. Dort war in einem Buch mit dem Titel *House of prayer* erstmals das Gefühl der Verliebtheit als »butterflies in the stomach« beschrieben worden. Genau genommen sind es also die Schmetterlinge im Magen, die dieses merkwürdige Phänomen hervorrufen.

Die poetische Beschreibung für das seltsame Bauchgefühl entsprach wohl den hiesigen romantischen Empfindungen, denn etwa seit der Mitte des 20. Jahrhunderts haben Verliebte auch bei uns Schmetterlinge im Bauch.

Schwanengesang

Majestätisch gleitet der Schwan auf der leicht gekräuselten Wasseroberfläche dahin. Voller Stolz präsentiert er seinen langen, schlanken, elegant gebogenen Hals und sein strahlend weißes Federkleid. Von der Natur derart mit Schönheit bedacht, genießt der fast unnahbar gelassen wirkende Vogel seit Menschengedenken in beinahe allen Kulturen höchste symbolische Wertschätzung. Im Fernen Osten galten Schwäne vor allem als Sinnbild der Anmut und der Vornehmheit. Im Westen waren es eher Schönheit, Licht und Reinheit, die dem Wesen des Schwans zugesprochen wurden. Bei den Indern, Chinesen, Japanern und Arabern, aber auch bei den Persern und den Skandinaviern bezog sich das Interesse vor allem auf die weiblichen Schwäne. Hier war es explizit die Jungfräulichkeit, die in der Gestalt des Schwans oder vielmehr der Schwanenjungfrau verehrt wurde. Dagegen bevorzugten die alten Griechen, in deren Vorstellung der Wagen des Apollon von weißen Schwänen gezogen wurde, den männlichen Schwan und dessen zeugende Kraft. So waren es dann auch die Griechen, bei denen dem Schwan die Gabe des Gesangs nachgesagt wurde, deren besondere Süße sich erst beim nahenden Tod entfaltete.

Eine Erklärung dafür, dass ausgerechnet die vernunftbetonten Griechen auf die Idee kamen, dem Schwan die besondere Fähigkeit des melodischen Singens anzudichten, ist es bis heute nicht gefunden worden. Im Allgemeinen produzieren Schwäne beiderlei Geschlechts lediglich Grunz- oder Zischlaute. Selbst die sogenannten Singschwäne bringen weniger melodische Klänge hervor, als vielmehr auffällig durchdringende Schreie und schrille Rufe.

Es könnte aber sein, dass der schon im Altertum entstandene Irrglaube schlicht dem Bedürfnis der Menschen entsprang, den Tod zu verklären. Bis in unsere Tage hat sich eine poetische Umschreibung des berückenden Sterbegesangs der Schwäne erhalten. Damit bezeichnet man sinnbildlich die im Vorgefühl des Todes und mit dem Aufgebot aller schöpferischen Kräfte verfassten besonders ausgereiften Werke eines Künstlers. Auch die von Franz Schubert im Jahr 1828 geschriebenen Lieder rund um die Themen Liebessehnsucht, Enttäuschung und Liebesleid sind unter dieser Bezeichnung in die Geschichte eingegangen. Schubert erlebte die Aufführung dieser Lieder nicht mehr, denn sie wurden erst nach seinem frühen Tod publiziert, und zwar im wahrsten Sinn des Wortes als sein »Schwanengesang«.

Schwein gehabt

Zu keinem anderen Tier haben die Menschen ein so zwiespältiges Verhältnis entwickelt wie zum Schwein, das seit Tausenden von Jahren unser Leben begleitet. In manchen Kulturen wird es verachtet, sogar verdammt, in anderen verehrt man es oder verzehrt man es. Bei den Germanen war es Brauch, zu Zeiten der Wintersonnenwende gut gemästete Schweine zu opfern, und auch im alten Rom kannte man Opferschweine, wobei angeblich ein nach rechts geringelter Schwanz bei den Göttern die beste Laune verbreitete.

Der Ausdruck »Schwein haben« wird auf die im Mittelalter sehr beliebten Wettspiele zurückgeführt und bezog sich ursprünglich auf einen eher peinlichen Trostpreis. Damals bekam nämlich jeder Teilnehmer, der verloren hatte, seine Trophäe. Die bestand allerdings meistens aus einem quiekenden Ferkel, das ihm – begleitet von den spöttischen Glückwünschen der Zuschauer – überreicht wurde. Der Verlierer ging also nicht mit leeren Händen nach Hause, obwohl seine Leistung als »unter aller Sau«, also als miserabel galt. So hatte er unverdientermaßen Glück.

Später sagte man in solchen Fällen, jemand hätte doch noch Schwein gehabt. »Schwein haben« ist demnach eine durchaus positive Angelegenheit. Wenn man nämlich diesen Trostpreis bis zur Schlachtreife anständig mästete, war man schließlich Besitzer eines Wertobjekts. Wer ein Schwein hat, muss in kargen Zeiten nicht verhungern. Er hat also auch im übertragenen Sinn »Schwein gehabt«. Gegen Not, Hunger, eventuellen Geldmangel hat auch heute noch mancher eine Spardose in Form eines Glücksschweins im Schrank. Und daher gibt es die alte Redewendung immer noch: »Da hast du aber Schwein gehabt.«

Seine Schäfchen
ins Trockene bringen

Wenn jemand, wie es in einer allgemein bekannten Redewendung heißt, »seine Schäfchen ins Trockene gebracht hat«, bedeutet das: Er hat sich etwas gesichert, das ihm sehr wichtig ist. In heutiger Zeit heißt das im Allgemeinen, dass er genug Geld beiseitegeschafft hat und dass es auch gut angelegt ist.

Bekanntermaßen verbringen Schafe die meiste Zeit auf ihrer Weide. Bei starken Regenfällen und überschwemmten Wiesen kann das ziemlich gefährlich werden, denn auf den sumpfigen Weiden fühlt sich auch der Leberegel sehr wohl. Bis dieser zu seinem Endwirt gelangt, hat er einen langen Weg zurückzulegen: Seine Eier werden von einer Schnecke aufgenommen, wandeln sich dort in sogenannte Cercarien, die Larvenform des Parasits, die von der Schnecke in einem Schleimballen wieder ausgestoßen werden. Dieser Schleim wird von Ameisen, die ganz verrückt danach sind, gefressen. Im Innern der Ameisen entwickelt sich aus einem oder mehreren der Cercarien der sogenannte Hirnwurm. Der wiederum verursacht bei den Ameisen eine grundlegende Veränderung ihres Verhaltens. Sie krabbeln an Grashalmen hoch und beißen sich vor allem in Blüten fest. Mit der Nahrung landen die infizierten Ameisen dann im Magen der Schafe. Daraus entwickelt sich im Körper von Säugetieren schließlich der kleine Leberegel, der wiederum nicht nur für Schafe, sondern auch für den

Menschen sehr gefährlich ist. Schafzüchter sind daher gut beraten, ihr lebendes Kapital, also ihre Schäfchen, immer rechtzeitig »ins Trockene zu bringen«!

Heute wird dieser Ausspruch häufig auch in finanziellen Turbulenzen benutzt. Schließlich wollen Investoren nicht gern im Regen stehen bleiben, weshalb sie immer versuchen, ihre monetären Schäfchen möglichst schnell »ins Trockene zu bringen«. Bei dieser Art Schäfchen könnte es sich aber auch um ein Missverständnis handeln. Schon zu Martin Luthers Zeiten wurden nämlich ganz bestimmte Geldstücke als »Scherf« oder »Scherflein« bezeichnet. Es handelte sich um geringwertige Silbermünzen, die im Mittelalter in Thüringen geprägt wurden. Es war sicher nicht falsch, möglichst viel von diesem Geld für schlechte Zeiten beiseitezubringen, also aufzuheben. Ob es nun um Schäfchen oder Scherflein geht, in jedem Fall kann man nichts falsch machen, wenn man sorgfältig mit ihnen umgeht, das heißt, wenn man rechtzeitig »seine Schäfchen ins Trockene bringt«.

Sich den Löwenanteil
sichern

Besonders mutige Löwen aller Art sind zum Inbegriff von Stärke und Macht geworden. Man trifft sie aber nicht mehr nur in der afrikanischen Savanne, sondern begegnet ihnen inzwischen überall auf ihren Beutezügen. Vor allem die zweibeinigen, weniger edlen Mutationen des Königs der Tiere werden immer häufiger auch im Dschungel der Städte gesichtet. Es handelt sich dabei einerseits um »Partylöwen«, deren bevorzugte Reviere in der sogenannten Society zu finden sind. Andererseits geht es auch um die mächtigen, häufig ziemlich skrupellosen »Baulöwen«, die ihre Beute vor allem in glitzernde Büropaläste locken. Bei den einen wie bei den anderen dieser zweibeinigen Löwen gilt stets das Gesetz des Dschungels. Jeder giert danach, sich den begehrten Löwenanteil zu beschaffen.

Es ist ja bekannt, dass Löwen sehr futterneidisch sind. Sie jagen zwar meist im Rudel, aber da sich innerhalb der Hierarchie bei den afrikanischen Löwen der Pascha des Löwenrudels, also der Löwenmann, als Erster über die Beute hermachen darf, frisst er so viel er will, während die anderen später nur das bekommen, was er freiwillig übrig lässt. Das funktioniert allerdings nur, wenn alle das Löwengesetz kennen und akzeptieren.

Der griechische Dichter Aesop, ein Spezialist hinsichtlich der Beschreibung tierisch-menschlicher Charaktereigenschaften, erzählt in einer seiner Fabeln, was passieren kann, wenn jemand Sitten und Bräuche nicht achtet. Er berichtet davon, dass einmal Löwe, Esel und Fuchs gemeinsam auf die Jagd gingen. Der Esel wollte die üppige Beute einfach durch drei teilen. Aber das verdross den Löwen, der eine völlig andere Vorstellung vom gerechten Teilen hatte. Er schlug darauf kurzerhand seine Pranke in das Grautier, tötete es und wartete dann darauf, wie der Fuchs die Teilungsaufgabe lösen würde. Der schlaue Fuchs hatte augenblicklich aus dem Schicksal des Esels gelernt, und da er vorhatte, das Ganze zu überleben, beanspruchte er für sich nur einen kleinen Happen, während er seinem Jagdpartner fast die gesamte Beute überließ.

In der Tierwelt ist es also ratsam, dem Löwen immer den größten Anteil zu überlassen. Im menschlichen Zusammenleben ist die Verteilung oft nicht so einfach zu durchschauen. Doch eines ist klar: Wenn jemand ganz deutlich mehr bekommen hat als die anderen, dann heißt es bei uns bis zum heutigen Tag: »Der hat sich wieder den Löwenanteil gesichert!«

Sich in die Höhle
des Löwen wagen

Schon in der Antike galt der Löwe als König der Tiere. In seiner Fabel erzählt Aesop von einem uralten Löwen, der schwach und krank in seiner Höhle lag und unfähig war, sich noch selbst zu versorgen. Da forderte der schlaue Löwenkönig all seine Untertanen auf, ihn in seiner Höhle zu besuchen, damit er sie noch einmal vor seinem baldigen Tod zu Gesicht bekomme. Auch der Fuchs hatte von diesem Letzten Willen des Löwen gehört. Allerdings war er nicht so arglos wie die meisten anderen, sondern glaubte nicht an die Uneigennützigkeit des Löwen. Als er dann auch noch feststellte, dass zwar viele Spuren in dessen Höhle hinein-, aber keine mehr herausführten, verzichtete er lieber darauf, dem Löwen in seiner Höhle einen Besuch abzustatten.

Im Mittelalter hatte man in Europa zwar wenig Ahnung vom Leben der Löwen. Dennoch kam es in Mode, dass sich Fürsten und auch Monarchen zum Zeichen ihres Mutes und ihrer Tapferkeit gern mit dem Beinamen »der Löwe« schmückten. Mit diesem Titel wollte man aber nicht so sehr den heute gültigen Löwentugenden wie Mut, Edelmut, Tapferkeit, Stärke oder hohes Ansehen Rechnung tragen. Ganz im Gegenteil wollte man damals mit dem Ruf des Löwen als reißendes Raubtier, als blutgieriger, rachsüchtiger, hinterhältiger und gemeingefährlicher Bestie imponieren. Eben wegen dieser Eigenschaften hatte sich beispielsweise der heute so idealisierte Richard

Löwenherz seinen Beinamen verdient. Dieser englische König kannte keine Gnade und war nicht etwa, wie in den Robin-Hood-Erzählungen dargestellt, ein besonders edler König, sondern in Wirklichkeit ein fürchterlich rachsüchtiger und despotischer Herrscher, in dessen Nähe man sich lieber nicht aufhalten mochte.

Heute würden die gefährlichen Charaktereigenschaften des Löwen kaum mehr als positive Attribute oder gar als Auszeichnungen gelten. Selbst der »Salonlöwe« ist inzwischen fast ausgestorben. Dennoch hat sich bis heute eine Redewendung erhalten, die als Metapher für eine gefährliche Situation mit ungewissem Ausgang benutzt wird. Denn genau das steckt dahinter, wenn wir uns heute »in die Höhle des Löwen wagen«.

Sich mausig machen

Wenn es heißt, dass die Katze das Mausen nicht lässt, dann bedeutet das, sie fängt auf die übliche Katzenart regelmäßig Mäuse. Es gibt allerdings auch Menschen, die, wie es heißt, »das Mausen nicht lassen können«. Das sind lästige und meist etwas altkluge Leute, die sich eben »mausig machen«. Diese Redensart ist schon seit dem 16. Jahrhundert bekannt und besagt auch heute noch, dass sich jemand auf eine unangenehme oder ausgesprochen vorlaute Weise andern gegenüber ziemlich aufdringlich und aufmüpfig verhält. Nun hätte wohl eine kleine Maus viel zu viel Angst, um sich mausig zu machen, und so ist es nicht verwunderlich, dass Mäuse mit dieser Redewendung überhaupt nichts zu tun haben. Der Begriff »mausig« bezieht sich vielmehr auf den regelmäßigen Federwechsel der Vögel, den man allgemein als Mauser bezeichnet.

In adligen Kreisen war früher die Falkenjagd sehr beliebt. Es war eine ehrenvolle Aufgabe, die jungen Raubvögel in einer langwierigen Dressur so zahm zu machen, das man ihnen beibringen konnte, sowohl Vögel wie auch Kaninchen und andere Kleintiere zu fangen, ihre Beute aber danach wieder herzugeben. Die Jagd mit abgerichteten Falken ist schon seit je ein Hobby der Reichen und Mächtigen und deshalb auch heute in den Golfstaaten sehr beliebt. Dort findet, wie überall, die Falkenjagd nur im Winter statt, denn im Sommer sind die Raubvögel in der Mauser, was sie für eine Weile flugunfähig macht. Nach dem jährlichen Wechsel des Gefieders haben die

Falken dann einen richtigen Heißhunger auf jagdbares Wild. Von solchen kaum zu bändigenden, tatendurstigen, fast übermütigen Raubvögeln, die es kaum erwarten können, sich mit ihrem neuen Gefieder wieder in die Lüfte zu schwingen, heißt es dann, sie seien jetzt aber sehr mausig. Doch auch Kinder und Jugendliche müssen manchmal zurückgepfiffen werden, wenn sie zu ungebärdig, frech oder gar aufmüpfig sind. Und dann hieß es früher häufig, und auch heute noch hin und wieder: »Jetzt aber Schluss, und macht euch bloß nicht mausig!«

Sich mit fremden
Federn schmücken

Es ist hinreichend bekannt, dass männliche Tiere oft von der Natur mit Attributen ausgestattet werden, die auf die Weibchen unwiderstehlich wirken. Besonders eindrucksvoll sind die Waffen der Vogelmännchen: prächtige Federn, auffallend gefärbte Seitenpartien oder ein eindrucksvoller Kehlsack. Besonders die Paradiesvögel auf Neuguinea haben Federn von atemberaubender Schönheit. Die Männer auf Neuguinea waren angeblich äußerst beeindruckt von den Erfolgen der herausgeputzten Vögel bei ihren weiblichen Artgenossen, so dass sie sich entschlossen, den Vögeln ihren bunten Federschmuck zu rauben, um ihn bei der eigenen Balz einzusetzen. Nach dem geglückten Felderklau begannen die Männer, sich mit den fremden Federn zu schmücken und vor ihren Angebeteten auf und ab zu stolzieren.

Zu allen Zeiten und überall auf der Welt haben Männer immer wieder versucht, es den bunten Vögeln gleichzutun und damit ihren Artgenossen zu imponieren. Und noch heute stolziert so mancher Jüngling und auch mancher ältere Sugar-Daddy wie ein Pfau oder ein Paradiesvogel, um sich möglichst groß in Szene zu setzen. Allerdings ist dieses Getue nicht ausschließlich die Domäne liebestoller Männer. Vielmehr galt das Angeben und Protzen »mit fremden Federn« zu allen Zeiten und in allen Kulturen auch geschlechtsübergreifend als bewährtes Mittel zum Erfolg.

Verschiedene berühmte Fabelerzähler haben höchst interessante Geschichten über fremden Federschmuck hinterlassen. Darin spielen meist Angehörige der Rabenvögel-Familie wie Dohle, Rabe, Krähe, Elster oder Häher die Hauptrollen. Dem griechischen Erzähler Aesop wird eine der ältesten dieser Vogelgeschichten zugeschrieben. In seiner Fabel *Die Krähe und andere Vögel* geht es um eine eitle Krähe, die sich mit bunten Federn des Pfaus schmücken wollte. Um ihr einen Denkzettel zu verpassen, rissen ihr die Pfauen nicht nur die geraubten, sondern auch einen beträchtlichen Teil ihrer eigenen Federn aus. Arg gerupft und armseliger als zuvor, wurde die Krähe nun zum Gespött ihrer Artgenossen. Später haben sich auch Phaedrus, ein römischer Fabelerzähler, und der französische Meister der Fabeldichtung Jean de la Fontaine diesem Thema angenommen.

Die Moral von der Geschichte ist: Wer von anderen abschreibt, oder auch nur Themen klaut und als eigenes geistiges Gut ausgibt, von dem heißt es auch heute noch: »Der schmückt sich mit fremden Federn.« Und das ist natürlich keine große Heldentat, die ihm zum Ruhm gereicht.

Spinne am Morgen bringt Kummer und Sorgen

Spinnen können überall sein: Sie hocken in einer Zimmerecke, haben im Garten ihr Netz gespannt, oder sie lauern in einer Felsspalte, und im Herbst gehen sie auf ihren silbrigen Gespinsten auf Reisen, Altweibersommer ist Spinnwebenzeit. Das geometrische Radnetz der Kreuzspinne ist ein zerbrechliches Kunstwerk und gleichzeitig eine stabile Zweckmäßigkeit, zeitloses Symbol für Vergänglichkeit und Ewigkeit. Dementsprechend ist das Verhältnis des Menschen zur Spinne seltsam ambivalent. Die Spinne ist einerseits Hexen- und Teufelstier, Todesbotin und Gottesfeind. Andererseits gilt sie auch als Glücksbringerin, Wetterprophetin sowie lebendes Orakel, das zu töten Unglück bringt. Eine der ältesten Spinnengeschichten erzählt von menschlicher Hybris und göttlichem Neid. Die hochmütige griechische Göttin Pallas Athene verwandelte die geschickte Weberin Arachne in eine Spinne, weil deren Webarbeit schöner und besser war als die ihre. Generationen von Weberinnen knüpfen seither kleine Fehler in ihre Teppiche, um nicht Arachnes Schicksal zu erleiden.

Vielleicht ist es diese Urangst, dass hauptsächlich Frauen von Spinnenangst befallen werden. Aber es gibt auch Männer, die sich vor dem Krabbeltier fürchten. Harmlosere Fälle von Tierphobien übertragen meistens die Eltern auf die Kinder. Bei der Arachnophobie, also der Furcht vor Spinnen, kann es sich allerdings um eine ernste psychische Störung handeln.

Jedenfalls gilt für diejenigen, die gleich zu Beginn des Tages einen kleinen Achtbeiner entdecken, der ihnen Schweißausbruch, Herzrasen und Ekel beschert: »Spinne am Morgen, bringt Kummer und Sorgen!«

In Wirklichkeit bezieht sich das bekannte Sprichwort aber nicht auf die Spinnentiere, sondern es ist das Spinnen von Garn gemeint. In der bäuerlichen Welt war es üblich, dass sich die Frauen nach der anstrengenden Tagesarbeit am Abend ans Spinnrad setzten. Diese Feierabendbeschäftigung war nicht anstrengend, sondern anregend, denn sie bot Gelegenheit zu geselligen und fröhlichen Gesprächsrunden. Frauen, die schon am frühen Morgen am Spinnrocken sitzen mussten, verrichteten diese Arbeit nur aus allergrößter Not. Für sie gab es keine Geselligkeit und Fröhlichkeit, denn sie mussten möglichst viel Garn spinnen, um mit dessen Erlös die bitterste Armut zu lindern.

Auf diese unterschiedlichen Lebensumstände nimmt das Sprichwort Bezug, denn in seiner ursprünglichen Form heißt es nicht »Spinne«, sondern: »Spinnen am Morgen, bringt Kummer und Sorgen, spinnen am Abend, erquickend und labend.«

Störrisch wie ein Esel

Vermutlich waren es die alten Ägypter, die bereits vor 4000 Jahren Wildesel einfingen und versuchten, sie zu domestizieren, um sie als Lasttiere zu nutzen. Doch auch heute noch scheint das gezähmte Grautier mit seinem heiseren, markerschütternden und lang andauernden »Iiiaaah« dagegen zu protestieren. Allerdings sind weder sein graues Fell noch seine träge Art dazu angetan, ausgerechnet den Esel zum Star unter den Huftieren zu machen. Doch sowohl in der griechischen als auch der römischen Mythologie wurde er wegen seiner beachtlichen Potenz zu einem ganz besonderen Symbol der Fruchtbarkeit. Auch im Alten und Neuen Testament wurden Esel an vielen Stellen erwähnt: Josef und seine Brüder reiten auf ihnen nach Ägypten, ein Esel bewundert das Christuskind in der Krippe, und auch Jesus zieht auf einem Eselfüllen in Jerusalem ein.

Dennoch wurde im Christentum aus dem zuvor als brauchbar und klug angesehenen »asinus« der Inbegriff von Geiz und Genusssucht, von Dummheit, Ignoranz und geistiger Trägheit. Die mittelalterliche Rechtsprechung kannte für unehrenhaftes Verhalten die Strafe des Eselsreitens zum Gespött der Schaulustigen. Eselsohren sollten Ketzer und Lüstlinge charakterisieren, und noch heutzutage entlarven sie den schlampigen Umgang mit Büchern und Papier.

Doch bei all diesen, dem Grautier zugeschriebenen negativen Eigenschaften handelt es sich um Fehlinterpretationen seiner eigentlichen Verhaltensweisen. Schon Mark Twain beklagte, dass durch Verleumdung auch der edelste Charakter entstellt werden könne. Wer also ständig als dumm, störrisch und faul wie ein Esel beschimpft wird, sollte das eigentlich als Kompliment verstehen, denn die scheinbare Sturheit des Esels zeigt eigentlich sein sinnvolles Abwägen in gefahrvollen Situationen und hat nichts mit Dummheit zu tun. Esel setzen ihre Hufe nur dort hin, wo sie sicher sind, dass der Boden trägt. Statt wie ein nervös gewordenes Pferd in einer Gefahrensituation instinktiv die Flucht zu ergreifen, bleibt der Esel erst einmal stehen und wägt ab. Selbst in der Gruppe geraten Esel nur selten in Panik. Auf den steilsten und schmalsten Pässen sind sie stets zuverlässige Reit- und Lasttiere. Wenn sie anhalten, heißt das: Es besteht höchste Gefahr, nicht nur für den Esel selbst, sondern auch für den Menschen.

Den sprichwörtlich »störrischen Esel« gibt es also eigentlich gar nicht. Oder nur in Form von Menschen, die ganz besonders stur und widerspenstig sind und die deshalb fälschlicherweise als »dumme Esel« bezeichnet werden.

Trojanisches Pferd

Man könnte die Angelegenheit eigentlich als die erste Miss-Wahl der Menschheitsgeschichte bezeichnen, die von drei göttlichen Teilnehmerinnen ausgetragen wurde. Als Jury-Mitglied allerdings stand damals einzig der junge trojanische Prinz Paris zur Verfügung. Für das Versprechen, dass er anschließend die schönste Frau auf Erden zur Frau bekäme, kürte er die Göttin Aphrodite zur Siegerin. Die beiden anderen Göttinnen – Hera und Athene – entpuppten sich aber als richtig schlechte Verliererinnen, und die ganze Sache hatte verheerende Folgen: Es kam zum Trojanischen Krieg und führte damit zum Untergang Trojas.

Jahrelang wurde erbittert gekämpft, doch eines Tages hatten sich die Griechen plötzlich zurückgezogen. Als vermeintliches Geschenk hatten sie allerdings ein Pferd am Strand zurückgelassen. Die nun folgende Geschichte ist allgemein bekannt: Arglos zogen die Trojaner den vermeintlich geschenkten Gaul ins Innere der Stadt. Im Bauch des hölzernen Pferdes lauerten aber 30 griechische Soldaten, und die öffneten des Nachts die Tore der Stadt für ihre Mitstreiter, die Troja dann dem Erdboden gleichmachten. Das sogenannte Trojanische Pferd gilt noch heute als ein Symbol für einen als schönes Versprechen getarnten dreisten Betrug. Im vorliegenden Fall waren es die Einwohner von Troja, denen das Trojanische Pferd den Untergang bescherte. Als Trojaner werden inzwischen allerdings auch besonders tückische Computerprogramme bezeichnet. Dabei handelt es sich um einen ziemlich unbedachten Vergleich, denn die Trojaner waren schließlich die Leidtragenden des Schwindels mit dem Pferd. In Fachkreisen weiß man, dass es sich hier um eine umgangssprachliche Verkürzung handelt, denn ursprünglich nannte man dieses Schadprogramm noch eindeutig »Trojanisches Pferd«, das seinen kriminellen Urhebern ermöglicht, fremde Computer für ihre Zwecke zu missbrauchen.

Unschuldslamm

Ein Zeichen für den Frühlingsbeginn ist das zarte Grün der Wiesen, auf denen nicht nur Schafe, sondern vor allem junge Lämmer herumspringen. Es heißt, dass der Auszug der Kinder Israels aus Ägypten zu ebendieser Jahreszeit stattgefunden hat. Und daher feiern die Juden nach wie vor im Frühling das Pessachfest, das an diesen Auszug erinnern soll. Zu diesem Fest werden, genau wie bei uns an Ostern, junge Lämmer geschlachtet, die dann aber auf eine bestimmte, rituelle Weise zubereitet und verzehrt werden.

Aus dem Buch *Exodus* geht hervor, dass es stets gesunde einjährige männliche Lämmer sein mussten, die man zu diesem Zweck schlachtete. Mit dem Blut der Lämmer sollten die Türpfosten und der Türsturz des Hauses bestrichen werden, in dem das Lamm später aufgetischt wurde. Diese etwas bizarre blutige Dekoration sollte die jüdischen Kinder vor dem Todesengel und dem göttlichen Zorn gegen die Ägypter schützen.

Lämmer als Opfertiere zu verwenden hat eine lange religiöse Tradition und auch eine tiefere theologische Bedeutung. Für die Christen ist das Lamm ein Symbol der Wehrlosigkeit, der Geduld und der Friedfertigkeit und damit auch ein Symbol für das Leben Jesu. Auch Christus war einst wie ein Lamm geopfert worden. Bis heute symbolisiert das Osterlamm also den Auferstandenen, der in seiner Makellosigkeit und Unfehlbarkeit zum Sieger über den Tod geworden ist.

Für die Lämmer ist aber seit dem 16. Jahrhunderts Ostern geradezu lebensgefährlich geworden, denn seit der Zeit ist der

Lammbraten quasi zu einem Muss auf der österlichen Festtafel geworden. Es scheint zwar, als hätte inzwischen der Hase dem Lamm diesen Rang abgelaufen. Er ist es, der die Ostereier bringt und häufig auch als Festbraten auf den Tisch kommt. Doch als Nachtisch des Ostermahls werden nach wie vor Kuchen in Lämmerform auf den Tisch gebracht.

In unsere Alltagssprache sind vor allem die »Unschuldslämmer« eingegangen. Ob die aber wirklich immer so unschuldig sind, darf angezweifelt werden. Den heutigen sprichwörtlichen Unschuldslämmern wird eine gewisse berechnende Naivität unterstellt, doch die absichtlich zur Schau gestellte Arglosigkeit ist in der Regel leicht zu durchschauen.

Vor die Hunde gehen

Es gibt Situationen, in denen man weiß, dass falls nicht im letzten Moment noch jemand zu Hilfe kommt, »alles vorbei« wäre. Mit anderen Worten: Man würde nun endgültig »vor die Hunde gehen«. Aber das bedeutete nicht etwa, dass man von irgendwelchen wilden Wolfshunden zerrissen oder dass man wegen Arbeitsuntauglichkeit und Altersschwäche zu Tierfutter verarbeitet werden würde. Es hat eigentlich auch gar nichts mit Hunden, sondern vielmehr mit sogenannten Hunten zu tun.

In den alten Bergwerken benutzte man nämlich bei der Förderung und auch beim Transport von Erz- und Kohlevorkommen eine bestimmte Art von Bergwerkskarren und Stollenwagen, die Hunten. Mit diesen Karren wurde vor allem der störende Abraum, also das wertlose Gestein, aus der Grube hinausbefördert. Bei größeren Lagerstätten wurden Erz, Kohle oder Salz statt mit Eimern oder Schlepptrögen ebenfalls mit diesen offenen, kastenförmigen Förderwagen aus dem Stollen transportiert. Vor der Technisierung mussten diese Karren immer von Menschen gezogen oder geschoben werden. Die Stollenquerschnitte waren aber meist eng, und daher mussten die menschlichen Zugtiere oft mühsam auf allen vieren kriechen. Es handelte sich daher um eine fürchterlich harte Arbeit, die meist von Gefangenen oder Sklaven erledigt wurde.

Damit waren es also die Elendsten der Elenden, die diese Hunten aus dem Dreck zu ziehen hatten. Es war abzusehen, dass die Lebenszeit derer, die die Karren schleppen mussten, die also »vor den Hunten gingen«, meist nur kurz bemessen sein würde. Die Entstehung jenes Ausspruchs, mit dem man noch heute das elende Zugrundegehen eines Menschen beklagt, hat demnach zwar mit der Schwerarbeit im Bergbau zu tun, hört sich aber ganz anders an. Umgangssprachlich waren aus den rollenden »Hunten« vierbeinige »Hunde« geworden, und so heißt die immer noch gebräuchliche rätselhafte Redewendung, wenn jemand unter schlimmen Umständen gestorben ist, er sei wohl elendiglich »vor die Hunde gegangen«.

Weiß der Kuckuck

Wenn der Kuckuck aus seinem Winterquartier südlich der Sahara nach Deutschland zurückkehrt, ist es
meist schon Frühling. In alten Bauernkalendern wurde der
14. oder 15. April speziell als Kuckuckstag vermerkt. Es hieß,
dass man an diesen Tagen möglichst jederzeit einen prallge-
füllten Geldbeutel zur Hand zu haben sollte. Sowie dann der
Ruf des Kuckucks zu hören war, sollte die Börse mehrmals or-
dentlich geschüttelt werden. Und wenn es dabei im Beutel heftig klimperte, bedeutete das, dass der Wohlstand für das ganze
Jahr gesichert sein würde. Ein Fünkchen Wahrheit liegt diesem Aberglauben vielleicht sogar zugrunde. In einer von der
Landwirtschaft geprägten Gesellschaft hatte man nämlich im
Frühling in der Regel nicht mehr viel Geld im Beutel, denn im
Winter verdiente man kaum etwas. Im Frühjahr mussten dann
nicht nur neues Saatgut, sondern eventuell auch bessere Aus-
rüstungsgegenstände angeschafft werden. Bei wem dann beim
ersten Kuckucksruf immer noch Münzen im Beutel klingelten,
der hatte gut gewirtschaftet und würde deshalb ziemlich sicher auch das ganze Jahr über nicht unter Geldmangel leiden.

Kuckucke erfreuen sich wegen ihrer unverwechselbaren
Rufe einer fast übertriebenen Volkstümlichkeit. Allerdings
bekommt man sie nur sehr selten zu Gesicht, was womöglich dazu beigetragen hat, dass der Kuckuck auch als eine Art
Schicksalsvogel gilt, der angeblich sogar die Gabe des Prophe-
zeiens hat. Aus der Anzahl seiner Rufe wurden oft Fruchtbarkeit, Wetter und Ernteerfolge errechnet. Aber es hieß auch,

dass man daraus Todestage erfahren oder Hochzeitstermine danach bestimmen könnte. Der Volksglaube vom wahrsagenden Vogel, der in die Zukunft sehen konnte, hatte damit schon immer auch den Verdacht angedeutet, dass der Kuckuck etwas mit dem Teufel zu tun haben könnte, ja, dass es gar der Teufel höchstpersönlich sei, der da die Hand im Spiel hatte.

Auf jeden Fall ist der Kuckuck ein kluger Nutznießer und Meister des Delegierens. Er genießt die Vorzüge der Paarungszeit, spart sich aber die Mühen der Brutpflege. Wie geschickte Trickdiebe locken die Kuckuckspärchen ausgewählte Leihvögel von deren eigenen Nestern fort, um ihnen eins oder zwei ihrer sogenannten Kuckuckseier unterzuschieben. Nicht selten verausgaben sich die meist recht kleinen Pflegeeltern beim Füttern der fremden Jungvögel bis zur Erschöpfung. Da die gerade geschlüpften jungen Kuckucke instinktiv die anderen Eier aus dem Nest werfen, waren sie den Menschen manchmal fast unheimlich, auf jeden Fall aber ziemlich rätselhaft. Dazu kam noch, dass schon im Frühsommer keine Kuckucksrufe mehr zu hören waren. Die Menschen glaubten eine Zeit lang sogar, dass die Kuckucke dann unter der Erde lebten. Manchmal hieß es, sie würden dort von Feen betreut werden. Später hielt man es sogar für möglich, dass sich der Kuckuck im Laufe des Jahres in eine andere Vogelart verwandelte, wobei vor allem der Sperber in Betracht kam.

Jedenfalls war man sich ziemlich sicher, dass ein Vogel, den man zwar hören konnte, aber fast niemals zu sehen bekam, mit dem Teufel im Bunde war. Weil man aber glaubte, den Teufel leibhaftig herbeizurufen, sobald man seinen Namen nur erwähnte, suchte man Ersatzwörter. Statt des Unglück verheißenden Spruchs: »Weiß der Teufel!«, also niemand, benutzte man daher eine harmlosere Redewendung und sagte: »Weiß der Kuckuck!«

Wie ein Cerberus

S chickeria« hieß die Kneipe in Schwabing, von der die Münchner Spider Murphy Gang Anfang der 1980er Jahre sang, deren Türsteher die Musiker als Gorilla bezeichneten. Das Nachtleben ist voller Legenden und Mythen, und viele drehen sich um die Sagenfigur des Türstehers. Auch im alten Griechenland gab es eine Tür, die gnadenlos bewacht wurde, und zwar von Cerberus, einem Hund mit drei Köpfen. Jeden, der eintreten wollte, wedelte das Tier freundlich an, doch keinen ließ es je wieder heraus, bis auf einen.

Der griechischen Sage nach musste der Halbgott Herkules in die Unterwelt hinabsteigen, um den Höllenhund Cerberus ans Tageslicht zu holen. Selbstverständlich bewältigte der griechische Held diese Aufgabe mit Bravour, leider erschrak der König von Mykene so über den Anblick des außergewöhnlichen Tieres, dass er den dreiköpfigen Wachhund zurück an die Tore des Hades schickte.

Erschrecken könnte man manchmal auch beim Anblick der Türsteher, die über in oder out im Nachtleben entscheiden, denn Ganzkörpertätowierung und schwere Eisengehänge an Ohren und Nase sind nicht selten. Wie der antike Türsteher Cerberus zur Unterwelt, gehört eine seiner heutigen Varianten zum Nachtleben. Er entscheidet, wer rein darf und wer nicht, nach Gesetzen, die nur er kennt. Ganz allgemein begegnet uns der antike griechische Höllenhund Cerberus heute in Gestalt eines unfreundlichen und besonders strengen Pförtners oder Wächters.

Wie ein Elefant
im Porzellanladen

Elefanten sind nicht gerade zierlich und leichtfüßig, das ist eine Binsenweisheit. Jeder Zoobesucher kann sich also gut vorstellen, was passiert, wenn sich so ein Koloss in einen Laden mit Haushaltswaren begibt. Mit ziemlicher Sicherheit würden sich in wenigen Minuten alle Gläser und das gesamte Geschirr in einen einzigen Scherbenhaufen verwandeln. Dass dies aber nicht immer so sein muss, sollte Ende der 1920er Jahre eine indische Elefantenkuh beweisen. Unter dem Motto »wie ein Elefant im Porzellanladen« ließ man den Dickhäuter als Werbegag tatsächlich in der Innenstadt von Köln in einem Porzellanladen auftreten. Das riesige Tier brachte es mit erstaunlicher Beweglichkeit und Umsicht fertig, weder mit seinen plumpen Füßen noch mit dem langen Rüssel oder mit dem dicken Hinterteil auch nur eine Vitrine zu berühren. Selbst über die drei Kaffeekannen, die man ihm in den Weg gestellt hatte, stolperte es nicht. Der Elefant umging die Hindernisse, indem er mit äußerster Vorsicht nacheinander jedes seiner vier stämmigen Beine hob und vorsichtig wieder absetzte.

Auf die Wendigkeit von Elefanten ist aber nicht generell Verlass, denn es kann auch anders gehen. Sechs ausgewachsene Elefanten sollten die Hauptattraktion eines am 31. Juli 1888 in München stattfindenden Festzugs anlässlich des 100. Geburtstags von König Ludwig I. sein. Dieser hätte bereits vor zwei Jahren stattfinden sollen, aber er war damals verschoben worden war, weil 1886 König Ludwig II. im Starnberger See ertrunken war. Die Elefanten, die der Hamburger Zirkus Hagenbeck für den Festzug zur Verfügung gestellt hatte, erregten zwar anfangs wegen ihres ruhigen Verhaltens allseits große Bewunderung. Doch dann kam dem gemütlichen Tross der Elefanten eine als Drachenungeheuer dekorierte Straßenlokomotive in die Quere. Rauchwölkchen, Dampf und Feuer, und vor allem ein heftiges Getöse, erregten die Elefanten so sehr, dass sie sich losrissen und wild trompetend in Richtung Innenstadt rannten. Durch die flüchtenden Elefanten gerieten auch die Zuschauer in Panik. Sie stürzten davon, schrien und stolperten übereinander, und am Ende waren, weniger durch die wild gewordenen Tiere als durch die Kopflosigkeit der Zuschauer, unzählige Verletzte und sogar zwei Tote zu beklagen.

Bis auf einen konnten alle Elefanten mit Hilfe der Feuerwehr und des Militärs bald wieder eingefangen werden. Amtlich dokumentiert ist, dass eines der Tiere auf seiner Flucht sogar im Hofbräuhaus landete, dieses aber, ohne irgendwelche Schäden anzurichten, bald darauf wieder verließ. Mag sein, dass der Bierdunst in Münchens berühmtestem Gasthaus den Elefanten so stark beruhigt hatte, dass er sich von seinem Wärter widerstandslos zu den bereitstehenden Zirkuswagen führen ließ.

Ein anderer Elefant soll sich an den Häuserwänden entlang gedrückt haben, um den Menschenmassen auszuweichen. Dabei stürzte er allerdings durch eine morsche Abdeckung in den Keller eines Milchladens, was dann selbst für das sanfte Tier zu viel wurde. Der schwer irritierte Elefant verwüstete angeblich das gesamte Untergeschoss. Doch, alles in allem gesehen, hatten bei diesem Vorfall die Elefanten mehr Ruhe und Übersicht bewiesen, als zuvor die völlig kopf-los gewordenen Menschenmassen. Dennoch gilt der Elefant als der sprichwörtliche Trampel, der überall und jederzeit, ohne Beachtung von Werten oder Gefühlen, mit Worten oder Taten alles plattmacht, eben wie der sprichwörtliche »Elefant im Porzellanladen«.

Wie ein Hecht
im Karpfenteich

Der Hecht wird oft als so etwas wie der Haifisch der Binnengewässer angesehen. Tatsächlich ist dieser räuberische Fisch mit dem großen Maul und den spitzen, nach innen gerichteten Zähnen nicht ungefährlich. Sein Körper hat eine ausgesprochen schnittige Form, die bewirkt, dass er für schnelles Zuschnappen wie geschaffen ist. Charakteristisch sind auch die weit hinten am Körper befindlichen Rücken- und Afterflossen des manchmal bis zu eineinhalb Meter langen Räubers. Zum Glück mag der Hecht kein Menschenfleisch, ansonsten aber jagt er fast alles, was sich im Wasser bewegt: Fische, Frösche und sogar Vögel, denen er, reglos und fast unsichtbar unter der Wasseroberfläche wartend, geduldig auflauert. Sobald der Hecht seine Beute lokalisiert hat, erstarrt er und wartet ab, bis das ahnungslose Opfer in seine Nähe kommt. Und dann kann er blitzschnell und ohne jede Vorwarnung zuschnappen. Hechte sind angeblich in der Lage, innerhalb einer Sekunde von null auf 40 Stundenkilometer zu beschleunigen.

Derartige Räuber werden natürlich überall als Störenfriede und Unruhestifter angesehen. Selbst die trägen Karpfen lässt der Räuber nicht zur Ruhe kommen, sondern hetzt sie ständig hin und her. Dieses Phänomen hat den deutschen Historiker Heinrich Leo einst schwer beeindruckt. Er verstieg sich zu einer äußerst gewagten These, indem er Napoleon III., der mit seiner Politik das Gleichgewicht der europäischen Kräfte durcheinandergebracht hatte, mit einem Hecht gleichsetzte. Dieses Bild hat im Jahr 1889 der deutsche Reichskanzler Bismarck aufgegriffen. Er beschrieb die Position Deutschlands zwischen den kriegerisch gesinnten Nachbarstaaten Frankreich und Russland mit folgenden Worten: »Die Hechte im europäischen Karpfenteich hindern uns daran, alle zu Karpfen zu werden.«

Auch heute noch bezeichnen wir einen Aufmischer und Unruhestifter, aber auch jemanden, der agiler ist als die träge Masse um ihn herum, als »einen Hecht im Karpfenteich«.

Wie Katz und Hund

In Deutschland soll es ungefähr acht Millionen Katzen und fünf Millionen Hunde geben. Die lieben Haustiere müssen meist weder in Käfige gesperrt noch durch einen Zaun oder durch Anbinden daran gehindert werden, das Weite zu suchen. Außerdem weiß jeder Tierliebhaber, dass die Behauptung, Hund und Katze seien von Natur aus Feinde und könnten nicht unter einem Dach leben, purer Unsinn ist. Dennoch bedeutet die Feststellung, »die zwei leben wie Katz und Hund«, dass sich zwei Menschen ständig in der Wolle haben und streiten.

Hund und Katze verkörpern üblicherweise zwei verschiedene Welten. Während der Hund für Treue, Klugheit und Wachsamkeit steht, gilt im Gegensatz dazu die Katze als Symbol für Falschheit, Treulosigkeit, Unbeständigkeit und Lüsternheit. Aus männlicher Sicht scheint es also durchaus naturgegeben, dass der Hund, der sprichwörtlich treueste Freund des Menschen, mit männlichen Tugenden verbunden wird, während die Katzen das weibliche Temperament verkörpern.

In unserer heutigen Vorstellungswelt werden Katzen und katzenartiges Verhalten häufig mit Sex und Erotik in Zusammenhang gebracht. Das liegt nicht nur daran, dass die lieben Kätzchen so schmusig und weich sind und so einschmeichelnd schnurren. Vielmehr hat es etwas mit den Mythen ihrer altägyptischen Herkunftskultur zu tun. In Ägypten hat man Katzen schon vor mehr als 3000 Jahren domestiziert und sie gleichzeitig auch als göttliche Wesen verehrt. Die altägyptische Katzengöttin hat dabei im Laufe der Zeit zunehmend Züge der Venus, der römischen Göttin der Liebe und Fruchtbarkeit, angenommen. Und schließlich wurden bereits in der Antike Katze und Frau sozusagen »in einen Topf geworfen«.

Den Christen waren die sich unabhängig verhaltenden Kätzchen von Anfang eher suspekt. Man unterstellte ihnen unheimliche, dämonische Kräfte, die sie daher zu engen Vertrauten des Teufels und der Hexen machten. Der weit verbreitete Aberglaube, eine schwarze Katze von links bedeute Unheil, spukt auch heute noch in den Köpfen der Menschen. Katzenartiges Anschleichen auf leisen Sohlen wird immer noch als gefährlich und hinterhältig angesehen. Weil sich die Katze darüber hinaus gern und ausgiebig putzt, sieht man darin das angeblich spezifisch weibliche Verhalten der Eitelkeit. Andererseits gilt ein Reinigungsvorgang, bei dem jemand mit extrem wenig Wasser auskommt, als verpönte »Katzenwäsche«.

Hunde wurden allerdings auch gern mit Dämonen und sogar mit der Hölle in Verbindung gebracht. Dennoch hatte der treue Hund als Helfer, Beschützer und Begleiter stets einen hohen Stellenwert im Leben der Menschen. In ihrer Funktion als Haustier und Jagdgefährte des Adels wurden Hunde aufgrund ihrer anerzogenen Verhaltensmuster zum expliziten Sinnbild für Loyalität, Unterwürfigkeit und Gehorsam. In der Ritterzeit war es sogar ein höchst ehrenvolles Attribut für jemanden, der seinem Herrn zu dessen voller Zufriedenheit gedient hatte, wenn man ihn als treuen Hund bezeichnete. Dass man sie mit dem Prädikat »Hunde von Kuenring« auszeichnete, war daher eine höchst ehrenvolle Angelegenheit für eine mächtige Adelsfamilie, die zu Beginn des 13. Jahrhunderts im österreichischen Waldviertel herrschte. Rassehunde galten stets als beliebte Statussymbole, die sogar in der Kirche vorgeführt wurden, weil man damit zeigen konnte, dass man sich so etwas Teures und Wertvolles leisten konnte. Solche weit verbreitete Angeberei, von der sich selbst Nonnen und Mönche anstecken ließen, wurde schließlich durch die ausdrückliche Verbannung von Hunden aus Kirchen und Klöstern beendet. Schließlich war es der Dominikaner Heinrich Institoris, der im 15. Jahrhundert eine Erklärung für das angeblich schlechte Verhältnis zwischen Hund und Katze fand. Die Katze war demnach ein Sinnbild des Ungläubigen, während der Hund alles Heilige symbolisierte.

Daher hält sich wohl noch bis heute das hartnäckige Vorurteil über die angeborene Feindschaft zwischen den beiden Haustierarten, auch wenn Katzen- und Hundebesitzer sich bemühen, auf deren meist friedliches Zusammenleben hinzuweisen. Die geradezu sprichwörtliche Feindschaft zwischen Katze und Hund entspricht also nicht wirklich der empirischen Naturbeobachtung, sondern ist vielmehr eine symbolisch allegorische Betrachtung.

Wie Phönix aus der Asche

Vor langer Zeit gehörte ihm der Himmel über der mediterranen Welt, und bis heute finden wir im gesamten Mittelmeerraum Darstellungen des geheimnisvollen Vogels Phönix auf Mosaiken, Gemälden oder Urnen. Er prangt als Symbol weltlicher Macht auf römischen Münzen und Sarkophagen, und im frühen Christentum verglich man die Leiden der Märtyrer mit dem Leben dieses seltsamen Wesens.

Wo und wie der Vogel gelebt hat, ist bis heute ungeklärt, und kein Mensch hat jemals ernsthaft behauptet, dass er den Phönix leibhaftig zu Gesicht bekommen hätte. Dennoch gibt es ziemlich präzise Beschreibungen seines Aussehens. Die antiken Autoren berichten fast alle, dass sein Gefieder rötlich gewesen sei und einen feinen goldenen Glanz gehabt hätte. Seine Beine waren angeblich rot wie Mennige, die Nackenfedern safranfarben, die Brust purpurrot. Seine quittengelben Augen hätten die Form der Scharlachbeere gehabt, und auf seinem Kopf hätte er einen Federbusch getragen. Auch wenn die Schilderungen farblich etwas differieren, gilt allgemein, dass es sich um einen ziemlich bunten Vogel gehandelt haben muss.

Bunte Paradiesvögel waren, wie es hieß, im Mittelmeerraum häufiger anzutreffen gewesen. Dennoch scheinen die Angaben über die Lebenszeit dieses Vogels von mehr als tausend Jahre reichlich bizarr. Noch rätselhafter aber sind die Umstände seiner Fortpflanzung und seines Todes. Angeblich existierte jeweils stets nur ein einziges Exemplar dieses Vogels. Nach seinem Tod wurde der Vogel jeweils nach ägyptischer Sitte einbalsamiert und in ein Myrrhe-Ei gelegt, aus dem dann wieder das nächste einzigartige Geschöpf schlüpfte. Später wurde behauptet, das Myrrhe-Ei sei ein Nest aus Weihrauch, Zimt und Myrrhe, in dem der Vogel verendete und aus dessen Leiche ein neuer geboren wurde.

Im christlichen Mittelalter kam erstmals die Geschichte vom Phönix auf, der sich aus der Asche erhebt. Es wurde behauptet, dass sich der einzige gefiederte Stammhalter auf Erden einen Scheiterhaufen aus dem Holz des Zimtbaums baute und den Flammentod starb. Nach dieser Selbstverbrennung entstand eine neue Kreatur, und der Kreislauf von Leben, Tod und Auferstehung begann von vorne.

Obwohl dieses Geschöpf sicher nie existiert hat, berufen wir uns bis heute auf ihn, wenn es darum geht, Beharrlichkeit zu zeigen oder einen Neuanfang zu wagen. Denn sein Sterben und Auferstehen ist zum Symbol für den stets möglichen Neuanfang geworden. Und von all denjenigen, die ihr Schicksal erfolgreich gemeistert haben, sagt man noch heute, sie hätten sich aus der Asche erhoben wie der sagenhafte Vogel Phönix.

Wie von der Tarantel gestochen

Wenn ihre langen, behaarten Beine plötzlich in einer feuchten, dunklen Ecke auftauchen, durchzuckt manche Leute panische Angst. Dabei sind Spinnen nützliche Tiere, das ist bekannt und gilt auch für die Riesen innerhalb der artenreichen Familie der europäischen Spinnen, die Lycosidae, aus der Gattung der Wolfsspinne. Das bis zu fünf Zentimeter lange Tier macht sich mit seinen acht Augen und einer mehrzahnigen Klaue des Nachts auf Beutejagd. Lange Zeit glaubte man, dass ein Biss dieser Spinne üble Folgen wie große Schmerzen, Entzündungen, Ermattung, Melancholie, Unbehagen, große Reizbarkeit oder Zuckungen – bis zur Tobsucht – haben könne.

Nach Berichten galt im Mittelalter Musik als einziges Heilmittel gegen den Biss der Tarantel, deswegen war es üblich, am Bett des Kranken auf einer Geige eine muntere Tanzweise zu fiedeln. Der Patient, eben noch scheinbar in den letzten Zügen liegend, erhob sich schon bei den ersten Takten und begann zu tanzen. Das Fiedeln wurde immer schneller und der Kranke tanzte immer ekstatischer, bis der Tanz ihn völlig erschöpft hatte und er schließlich geheilt zusammenbrach. Wahrscheinlich handelt es sich bei diesem Krankenbericht um eine schöne Legende aus dem tiefen apulischen Süden Italiens. Denn schon seit dem 17. Jahrhundert wird ein Zusammenhang zwischen Spinnenbiss und Tanz als Hysterie des Mittelalters abgetan.

Heute wissen wir, dass das Gift der Wolfsspinne ungefährlich und harmlos ist. Allerdings ist ihr Biss nicht ganz schmerzlos, und tatsächlich hilft jede schnelle Bewegung und die damit verbundene Anregung des Kreislaufs, den Abbau des Gifts zu beschleunigen. Wenn im Süden Italiens auch heute noch der mittelalterliche Spinnentanz getanzt wird, so soll damit aber kein Gift ausgeschieden werden. Der Name des Tanzes, der nach wie vor in der Gegend von Taranto vorgeführt wird, bezieht sich unüberhörbar auf die Wolfsspinne, die Tarantel, und heißt Tarantella. Wenn allerdings jemand wild mit den Armen fuchtelt und herumrennt, dann sagen wir, er benimmt sich »wie von der Tarantel gestochen«, obwohl Spinnen bekanntlich nicht stechen, sondern beißen.

Windhund

Friedrich II., der später der Große oder auch der Alte Fritz genannt wurde, hatte für Frauen nicht besonders viel übrig. Seine große Leidenschaft gehörte vielmehr den drei oder vier italienischen Windspielen, die er stets um sich hatte. Sie verstanden wohl auch Französisch, denn in dieser Sprache mussten die Lakaien die Hunde auf Befehl anreden. Die Tiere schliefen nicht nur im Bett des Monarchen, er wollte auch mit ihnen begraben werden. Dieser Wunsch wurde ihm aber erst 205 Jahre nach seinem Tod, also im Jahr 1991 erfüllt. Immerhin hatten die Windhunde im Park von Sanssouci gewiss genug Gelegenheit gehabt, sich auszutoben.

Wenn ein Windhund losrennt, kommt er schnell auf eine Geschwindigkeit von 60 Kilometern pro Stunde, so dass ein Zurückpfeifen sinnlos wäre. Der Hund kehrt erst um, wenn er genug gelaufen ist. Vielleicht wurde dieser ungezügelte Freiheitsdrang der Windhunde damals als »Windbeutelei« interpretiert und generell zu einer abwertenden Bezeichnung. Tatsächlich kann der Windhund sehr schnell laufen, aber dennoch nicht so schnell wie der Wind. Ein Windhund ist ein wendischer Hund, worauf die Vorsilbe »wint« hindeutet.

Ein Mann, den man als Windhund bezeichnet, gilt als unzuverlässiger Schlawiner, Hallodri und Frauenverführer. Er gilt als ein feiger, bequemer Taugenichts, ein Luxusschönling, der zu nichts nutze ist. Beim Vergleich von Mensch und Hund geht es daher nicht um ein hündisches Verhalten, sondern um die »wendische«, also die slawischen Herkunft, da den Slawen früher eine gewisse Schlitzohrigkeit unterstellt wurde. Auch wer sich am Äußeren der Tiere orientiert, am tänzelnden Gang der langen Beine, am schlanken Körper und an der grazilen Gestalt, der kann durchaus zu der Ansicht gelangen, auch der menschliche Windhund sei ein echter Windhund.

Wolf im Schafspelz

Wie kaum ein anderes Tier sind Wölfe von den Menschen aller Zeiten sowohl bewundert, als auch gefürchtet worden. Vielleicht liegt das daran, dass der Wolf eines der anpassungsfähigsten Säugetiere ist. Es gibt kaum Lebensräume, in denen sich nicht irgendwann einmal Wölfe herumgetrieben oder gar angesiedelt hatten. Möglicherweise hängt dies mit ihrem speziellen Sozialverhalten zusammen: Sie sind ausgesprochene Familientiere, und deshalb bestehen Wolfsrudel mindestens aus einem Elternpaar und dessen oft aus verschiedenen Würfen stammenden Jungen verschiedener Altersstufen. Erst wenn die Jungtiere geschlechtsreif sind, verlassen sie das elterliche Rudel. Es kann daher vorkommen, dass mehr als 30 Tiere ein Rudel bilden. Zwischen den Rudelmitgliedern herrscht eine fest ausgeprägte Rangordnung. Die Verständigung der Tiere untereinander erfolgt über eine Vielzahl von Körperhaltungen, Gesichtausdrücken und Lauten.

Schon seit Jahrhunderten teilen sich Menschen und Wölfe den gleichen Lebensraum, doch es ging meist alles andere als friedlich zu. Immer schon galt den Menschen der Wolf als Sinnbild des Bösen. Das betonen auch die alten Sagen und Märchen, wie beispielsweise die Geschichte von Rotkäppchen und dem – wie könnte es anders sein – bösen Wolf. Hier wird sogar schon die angebliche Vorliebe des Wolfs für Verkleidungen und Verstellungen aller Art geschildert: Nachdem er die Großmutter gefressen hat, zieht er ihr Nachthemd an und setzt ihre Nachthaube auf, um Rotkäppchen zu täuschen, damit er sie dann ebenfalls verspeisen kann. In diesem Fall ging die Geschichte für den Wolf allerdings nicht gut aus, denn er landete mit dem Bauch voller Steine im Brunnen. Dennoch scheint ihm die Lust an der Verkleidung bis heute nicht vergangen zu sein. Hartnäckig hält sich die Behauptung, dass der Wolf Schafe zum Fressen gerne hat. Um seinen Appetit zu stillen, hängt er sich angeblich sogar hin und wieder ein Schaffell um, damit er sich unerkannt unter die Herde mischen und sich einen besonderen Leckerbissen ausspähen kann.

Vor dieser infamen Kostümierung des Wolfs werden die Menschen schon im Neuen Testament gewarnt. Dort sollen sie sich vor falschen Predigern in Acht nehmen, die sich in die Gemeinschaft der Gläubigen einschleichen, um sie mit gefälschten Vorgaben vom wahren Glauben abzubringen. Solche falschen Prediger gab es zu allen Zeiten, und es gibt sie auch noch heute. Auf den ersten Blick scheinen sie friedliche, freundliche Leute zu sein, die angeblich nur an unserem Wohl interessiert sind. Doch in Wahrheit entpuppen sie sich als Menschen mit bösen, zerstörerischen Hintergedanken. In Anlehnung an die neutestamentliche Warnung bezeichnen wir solch einen äußerlich ganz zahm und gutwillig erscheinenden Menschen, der jedoch Böses im Schilde führt, als »Wolf im Schafspelz«.

Wolkenkuckucksheim

Von Menschen, die ihre Gedanken nicht so recht beisammen haben, heißt es in England, sie wären »with the head in the clouds«, also mit dem Kopf in den Wolken. Ähnliche »wolkige« Vorstellungen kennt man auch im Deutschen. Unter anderem klingt bei uns manchmal an, dass dort oben in der Stratosphäre ein bestimmter Vogel hausen würde, obwohl dieser etwas nebulöse Gedanke doch reichlich absurd ist.

Der griechische Dichter Aristophanes befasste sich in seinen Komödien mit weltgeschichtlich bedeutenden Themen wie Krieg und Frieden, vor allem aber auch mit Aspekten des sozialen Lebens in Athen. Scharfzüngig, geistreich und manchmal ausgesprochen derb deckte er die Schwächen seiner Mitmenschen auf. Prominente Athener, Intellektuelle, ja sogar die Götter wurden zur Zielscheibe seiner beißenden Kritik. Bestes Beispiel dafür war seine satirisch-politische Komödie *Die Vögel*.

Die Herren der Lüfte sollen eines schönen Tages die Willkür der Menschen sattgehabt haben. Sie wollten sich auch nicht mehr den Göttern unterordnen, sondern sie gründeten zusammen mit zwei alten Athenern das Reich der Vögel, das sie Nephelokokkygia nannten. Fernab der bösen Welt, hatten sich die Vögel einen luftigen Traumstaat der Freiheit, des Reichtums und des Genusses erschaffen. Aristophanes ließ seine gefiederten Anarchisten lustvolle Reden führen über alles, was in ihrem Nephelokokkygia erlaubt war. Da durften zum Beispiel die Männer intime Beziehungen mit verheirateten Frauen haben, und die Kinder mussten ihren Eltern nicht gehorchen. Kein Wunder also, dass schon bald verschiedene Bewerber um Aufnahme in den Vogelstaat baten: ein Dichter, ein Priester, ein Wahrsager und sogar der Stadtvogt. Alle tragen charakteristische Züge berühmter Athener, doch gerade deswegen werden sie nicht in den Vogelstaat aufgenommen. Dennoch bleibt selbst den Göttern nichts anderes übrig, als die Herrschaft der Vögel zu dulden. Aristophanes machte sich in dieser Komödie über diejenigen unter seinen Mitbürgern lustig, die kritiklos jedes kleinste Zeichen als wichtige göttliche Botschaft deuten. Für den Dichter sind die Wahrsager, die Bettelpoeten, die Bürokraten und Landvermesser allesamt Scharlatane.

Die Komödie wurde im Jahre 414 vor Christus im Rahmen eines Dichterwettbewerbs zu Ehren des Gottes Dionysos erstmals aufgeführt. Aber auch heute, zweieinhalb Jahrtausende später, ist sie noch höchst aktuell. Aristophanes hat darin einen Begriff geprägt, der erst im Jahr 1813 von einem prominenten Intellektuellen ins Deutsche übersetzt wurde und noch immer bei uns verwendet wird. Das griechische Wort Nephelokokkygia ist eine Zusammensetzung aus nephele = Wolke und kokkyx = Kuckuck. Daraus kreierte der Philosoph Arthur Schopenhauer eine ausgesprochen poetischen Wortschöpfung für eine von ihm erdachte »Fata Morgana«, die nicht zu unserer realen Welt gehört, in den Sphären der Imagination jedoch stets relevant ist. Von Menschen, die sich andauernd realitätsfremd den schönen Gebilden der Fantasie hingeben, heißt es daher noch heute, sie lebten – wie einst die Vögel – in einem Wolkenkuckucksheim.

Zeitungsente

Entenmäßig« gesehen sind heute fraglos Donald Duck, Gustav Gans sowie alle anderen von Walt Disney erfundenen Bewohner von Entenhausen die absoluten Superstars ihrer Gattung. Und es ist deshalb auch nicht verwunderlich, dass über Tun und Treiben dieser speziellen Enten schon oft in der Zeitung berichtet wurde. Zeitungsenten sind sie dennoch nicht, da diese ganz besonderen Entenvögel aus einer ganz anderen Ecke kommen. Sie können weder fliegen noch schwimmen, es gibt sie schon seit den Kindertagen des Zeitungsjournalismus und dass sie hin und wieder mal auf dem Papier stehen, hat eine ganz andere Bewandtnis.

Zwar geht man in der Regel davon aus, dass gerade Zeitungsredaktionen möglichst zu vermeiden versuchen, Unwahrheiten oder gar Märchen und Fälschungen in Umlauf zu bringen. Aber hin und wieder gelangt doch mal die eine oder andere Falschmeldung in die Zeitung. Warum es dann heißt, man hätte es mit einer Zeitungsente zu tun, scheint allerdings einigermaßen rätselhaft. Es gibt tatsächlich mehrere Erklärungen für die Herkunft dieses Begriffs: Die Brüder Grimm zitieren in diesem Zusammenhang einen Satz von Martin Luther: »… so kömpts doch endlich dahin, das an stat des evangelii und seiner auslegung widerumb von blaw enten gepredigt wird.« Luther verwendete nicht nur blaw enten, also blaue Enten als Sinnbild für eine Irrlehre, sondern der wortgewandte Prediger bezeichnete auch eine Legende über Franz von Assisi als »Lugende«, weil er sie für Lug und Trug hielt.

Später war dann auch in dem Buch *Das wunderbarliche Vogelnest* des Freiherrn von Grimmelshausen von dieser »Lugende« die Rede. Schließlich tauchte in einer Reisebeschreibung aus dem Jahr 1696 die »Lüg-Ente« auf, und im 19. Jahrhundert watschelte die Ente, die immer schon als unzuverlässige Brüterin galt, von Frankreich aus auch offiziell in deutschen Landen umher. Die Redewendung »donner des canards«, also »Enten machen« – hieß nichts anderes als »Lügengeschichten verbreiten«.

Es gibt aber auch eine Erklärung über die Herkunft der Zeitungsenten, die ausschließlich mit dem Journalismus in Verbindung gebracht wird. Zu Zeiten der unbegrenzten Kommunikationsmöglichkeiten lässt sich bei fast jeder Nachricht überprüfen, ob sie stimmt und von wem sie stammt. Für die Richtigkeit der Meldung bürgt meist der Schreiber mit seinem »guten« Namen. Die sogenannten unbestätigten Meldungen wurden zumindest früher auch speziell gekennzeichnet. Es gab dafür das Kürzel »n. t.«, die Abkürzung für das Lateinische »non testatum«, was nichts anderes heißt als »nicht bewiesen«. Und dieses »n. t.« wurde dann klammheimlich zur »Ente«.

Ob das nun wirklich alles so stimmt, ist schwer zu beweisen und vielleicht ebenfalls eine Ente. Keine Ente ist allerdings, dass eine Falschmeldung oder ein Artikel mit unglaubwürdigem Inhalt auch heute noch als Ente bezeichnet wird.

Zimtzicke

Kirche, Kaiser und Kaufleute gehörten wohl zu den wichtigsten Entscheidungsträgern der Renaissance. Daher war es nicht verwunderlich, dass auch der Habsburger Karl V., Kaiser des Heiligen Römischen Reiches Deutscher Nation, zu der Augsburger Kaufmannsfamilie Fugger eine besondere Beziehung hatte. Es war sicher vor allem das Geld der reichen Fugger, auf das es Kaiser Karl abgesehen hatte. Er konnte es dringend brauchen, und deswegen tauchte er immer mal wieder höchstpersönlich in Augsburg auf.

Möglicherweise hat der Kaiser niemals auch nur einen Dukaten zurückgezahlt, aber das könnte auch daran gelegen haben, dass Anton Fugger dem Kaiser seinen unermesslichen Reichtum durch ein besonders demütigendes Spektakel demonstrieren wollte. Überliefert ist, dass der reiche Kaufmann eines Tages großzügig einige der Schuldscheine des Kaisers in dessen Beisein in einem Feuer aus Zimtstangen zu Asche verbrennen ließ. Diese Demonstration hatte eine doppelte Symbolkraft, denn Zimt war damals eines der kostbarsten Gewürze und fast so wertvoll wie Gold.

Noch bis weit ins 18. Jahrhundert war Zimt quasi ein Synonym für Geld und wurde ganz allgemein als Bezeichnung für etwas sehr Seltenes und Wertvolles verwandt. Auch im Rotwelschen, der Sprache des fahrenden Volks, stand das Wort Zimt ursprünglich für Gold. Um etwaige Fälscher zu warnen, durch Beimengungen minderwertiges Gold herzustellen, sagte man »mach bloß keinen Zimt«. Dieser Bedeutungswandel schlich sich in die allgemeine Umgangssprache ein, und der Begriff Zimt bezeichnete von da an das genaue Gegenteil. »Mach keinen Zimt!«, bedeutete nun so viel wie »Mach bloß keinen Unsinn«. Jemand, von dem es hieß, dass er immer weiter »Zimt machte«, war in größeren Schwierigkeiten, und schließlich behauptete man, er oder sie sei endgültig »zimtig« geworden.

Wer Probleme machte, galt auch immer schon als zickig, eine Verhaltensweise, die weder an Männern noch an Frauen besonders geschätzt wurde. Außerdem wurden schon im Mittelalter junge Mädchen, die sich wie streitsüchtige, ruhelose und futterneidische Ziegen oder auch sonst auf irgendeine Weise auffällig und närrisch verhielten, als Zicken bezeichnet.

Wenn eine weibliche Person übertrieben eigenwillig, launisch, egoistisch, oder auch besonders zimperlich ist und dann auch noch einen dämlichen, sinnentleerten Zickenkrieg entfacht, dann wird sie auch heute noch als Zimtzicke bezeichnet.

Zum Hahnrei machen

Ein Geflügel, das die Deutschen kaum kennen, ist der Kapaun, der kastrierte Hahn. Den sechs bis sieben Wochen alten männlichen Küken werden in einer delikaten und sicher alles andere als angenehmen Operation die Hoden entfernt. Die Tiere krähen daraufhin zwar nicht wie die Kastraten in hohen Tönen, aber sie werden schneller fett. Als zusätzliches äußeres Zeichen entfernt man den kastrierten Gockeln oft auch noch den Kamm, die Kehllappen unter dem Schnabel sowie die Sporen. Ein alter Begriff für Kapaun war »Hahnrei«, eine Bezeichnung, die sich später aber nicht mehr nur auf das Federvieh bezog. Auch bei Ehemännern, die von ihren Angetrauten betrogen wurden, möglicherweise weil sie ihren ehelichen Pflichten nicht mehr nachkommen konnten, hieß es, sie seien zum Hahnrei gemacht worden.

Hahnrei als Bezeichnung für einen betrogenen Ehemann geht womöglich auf eine bestimmte Methode des Hahnenverschnitts zurück. Angeblich wurden die abgeschnittenen Sporen des jungen Hahns dem Tier wie ein Geweih an die Stelle des Kamms eingesetzt, wo sie festwuchsen. Durch diese Hörner war der Kapaun in der Hühnerschar nicht zu übersehen.

Wenn von jemandem bekannt geworden war, dass er eine untreue Ehefrau hatte, dann wurde er entweder als »Hahnrei« bezeichnet oder als einer, der »Hörner aufgesetzt« bekommen hatte.

Schlussbemerkung

Menschen und Tiere stehen in einer uralten Beziehung, die sich in den Sprachen aller Völker widerspiegelt. In unzähligen geläufigen Redewendungen werden Gedanken durch Tiervergleiche verständlich gemacht. Doch diese Tiermetaphorik beschreibt weniger zoologische Tatsachen, sondern erklärt vielmehr menschliche Charaktere und zwischenmenschliche Beziehungen. So kommt es, dass die bekannten »schweinischen« Redewendungen auf einer Werteskala von ganz unten bis ganz oben rangieren. Wer »Schwein hat«, hat Glück, und wer Glück hat, der fühlt sich »sauwohl«, doch wer »zur Sau gemacht« wird, dem geht es hinterher »saumäßig«. Der Esel, der als Lasttier enorm nützlich war und als zäher Dulder galt, wurde zum Inbegriff von Dummheit und Starrsinn.

Doch nicht jede sprichwörtliche Redensart, bei der wir einen eindeutigen Tierbezug zu erkennen glauben, hat tatsächlich etwas mit Tieren zu tun. Niemals hat Meister Lampe von sich behauptet, sein Name sei Hase, der Hecht hat weder lebendig noch in der Suppe etwas mit Zugluft zu tun, und auch die Eulen von Athen hatten weder Federn noch Flügel.

Nicht nur für Leseratten haben wir aus der Vielzahl tierisch guter Redewendungen einige Beispiele als Beweis dafür ausgewählt, dass die Alltagssprache von heute lebendige Geschichte ist, und versucht aufzuzeigen, »wo der Hase im Pfeffer liegt«.